MUSICIANS INSTITUTE

CONCEPTOS ESENCIALES

Guitarra
EJERCICIOS
DE DIAPASÓN

Por Barrett Tagliarino

ISBN 978-1-4584-1180-8

HAL•LEONARD®
CORPORATION

7777 W. BLUEMOUND RD. P.O. BOX 13819 MILWAUKEE, WI 53213

Contacto en Australia:
Hal Leonard Australia Pty. Ltd.
22 Taunton Drive P.O. Box 5130
Cheltenham East, 3192 Victoria, Australia
Correo electrónico: ausadmin@halleonard.com

Visite Hal Leonard en línea en:
www.halleonard.com

Reconocimientos

Quisiera agradecer a las siguientes personas por probar el material de este libro: Billy Burke de Crossroads Music en Monrovia, CA; Steven Stathatos; y Benjamin Zurbrugg.

También quisiera agradecer a Dena Murray por su aliento y sus valiosos consejos, y especialmente a Jeff Schroedl, Doug Downing y Hal Leonard Corporation por su apoyo.

Mayo de 2003

Barrett Tagliarino

Contenidos

Introducción

Aprender a tocar una canción en la guitarra es un logro. No lo dudes; cuando juntes todo, sonará genial. Pero aquí va una pregunta para ti: ¿Realmente *entiendes* lo que estás tocando? ¿Qué sucede si cometes un error? Las posibilidades están, ya que eres como una rata de laboratorio que está aprendiendo el camino correcto a través de un laberinto. Si el queso cambia de lugar o se desplazan las paredes, estás perdido. Vuelves al primer casillero.

¿Qué sucede si realmente supiste todo el tiempo adónde estabas y cuándo tenías que salir? ¿Y si *entendiste* el diapasón con trastes de tu guitarra? En verdad, entender el diapasón con trastes significaría que estás volando sobre el paisaje mirando hacia abajo todos los posibles caminos que tus dedos podrían tomar.

Este cuaderno de actividades te ayudará a adquirir ese nivel más alto de entendimiento del diapasón con trastes. En cada capítulo se explica un concepto fundamental, que está inmediatamente acompañado de ejercicios para que completes. El conocimiento se refuerza a través del método de eficacia comprobada con el que todos aprendemos el abecedario de niños: con *la repetición de ideas en voz alta* y *su escritura en un papel*.

Dibujar/describir/tocar

He vivido muchas horas de frustración viendo a mis alumnos mirar un acorde o la estructura de una escala en un libro e inmediatamente intentar tocarlos. Pierden el tiempo buscando las notas a tientas. Se pierden. Luego tienen que comenzar de nuevo y leer otra vez el libro. Semanas más tarde, todavía siguen perdidos porque no se tomaron el tiempo de crear una imagen mental clara. Un ataque de tres frentes solucionará el problema: **dibujar/describir/tocar**. Una vez que puedas dibujar el diagrama de un acorde o escala por ti mismo y describir verbalmente las ubicaciones de las notas, entonces podrás comenzar a *tocarlos*.

A menudo mis alumnos se percatan por su cuenta de que dibujar diagramas es la mejor manera de aprender el diapasón con trastes. Lo hacen sin que se les diga, y luego me acercan los diagramas para que yo revise los errores y juntos analicemos las digitaciones. Estas son las personas que progresan con mayor rapidez. Entonces, tengo que agradecerles a mis alumnos por enseñarme su método de aprendizaje. Juntos creamos ejercicios que REALMENTE SIRVEN para aprender guitarra. Escribir y hablar acerca de este material, lo graba en tu cerebro.

Al completar los ejercicios, en sólo unos pocos meses podrás notar una verdadera diferencia en la forma en que piensas en el diapasón con trastes de la guitarra. Junto con el nuevo entendimiento, en los próximos años surgirán naturalmente grandes mejoras en tu forma de tocar. Tus puntos débiles se reducirán en forma gradual y luego desaparecerán.

Cómo usar este libro

Los últimos capítulos del libro dependen mucho de los primeros. Será normal que debas retroceder. Si estás en los primeros años de un estudio dedicado de guitarra, te recomiendo extender este programa durante un año. Pasa algunos minutos al día con la revisión de cada capítulo durante al menos una semana.

Comienza cada capítulo con el objetivo establecido al principio en mente. Si piensas que ya has logrado el objetivo, ve directamente a los ejercicios. Si puedes completarlos todos en forma rápida y sin errores, entonces puedes pasar directamente al siguiente capítulo. De lo contrario, retrocede y estudia el capítulo. Luego de estudiar el texto, si los ejercicios todavía te resultan difíciles, probablemente esto signifique que te perdiste algo del capítulo anterior. Si este es un nuevo material para ti, ¡es muy importante que te tomes tu tiempo! Asegúrate de comprender cada capítulo y de completar todos los ejercicios antes de continuar.

Si te das cuenta de que necesitas más práctica (le pasa a la mayoría de las personas), es recomendable repetir los diagramas en un cuaderno aparte del papel con el diagrama de la guitarra. Puedes comprarlo o simplemente hacerlo tú mismo con un papel en blanco y una regla.

Preguntas frecuentes

¿Por qué necesito dibujar diagramas y decir todo esto en voz alta? ¿Por qué no puedo simplemente tocar?

Te digo que dibujes y describas las formas del diapasón con trastes porque quiero que las aprendas RÁPIDO. Las escalas, las cuerdas y los arpegios por sí mismos no son más que ejercicios y te aburrirán. Mientras más rápido aprendas lo básico, más rápido empezarás a tocar música de verdad de tu agrado. Intentar tocar música de cualquier complejidad sin lo básico probablemente te llevará a la frustración.

¿Qué pasa si pienso que lo hice mal?

Las respuestas están incluidas en la parte posterior del libro. Es imposible hacer trampa, así que míralas cuando quieras.

¡Oye! ¿Te salteaste... ?

Muchas de las digitaciones posibles no se incluyeron en el libro. Te incentivamos a dibujar más diagramas de los que están incluidos aquí. En los últimos diez capítulos es posible que la cantidad de formas para las escalas, acordes y arpegios sea astronómica. El objetivo de este libro es que, cuando lo termines, seas capaz de visualizar las ubicaciones correctas de cualquier cosa que puedas encontrar o imaginar.

¿Cómo debo practicar la interpretación de estas formas?

Una vez que hayas memorizado una de las formas fundamentales del diapasón con trastes, tócalo en tiempo con un metrónomo programado a un tempo lento (50 a 60 tiempos por minuto). Si no has tocado exhaustivamente con un metrónomo, lo más probable es que tu tiempo sea malo. Permíteme parafrasearlo: *Si eres un ser humano, tu tiempo es malo y necesitas practicar con un metrónomo.*

Estará muy claro cómo practicar las escalas y arpegios con un metrónomo. Tócalas en forma ascendente y descendente en las notas octavas: dos notas por cada clic del metrónomo. Para los intervalos y los acordes, es más productivo tocar algunos de ellos en secuencia para mantener tu cerebro y tus dedos en funcionamiento. Practícalos en redondas (un acorde cada cuatro clics) o blancas (un acorde cada dos clics).

Aquí presentamos algunas guías para que practiques:

- Practica en forma intensa, sin distracciones, por períodos de tiempo muy cortos, y tan seguido como puedas. Un buen ritmo para empezar equivaldría a sesiones de 15 minutos dos veces por día.
- Aísla el material en piezas tan pequeñas como puedas aprender y tómalas de a una por vez. No intentes aprender dos cosas nuevas a la vez.
- Haz una impresión mental clara de la información nueva sin tocar la guitarra al principio. Tómate tu tiempo y apréndelo bien la primera vez. Evita volver hacia atrás en el libro para ver las cosas nuevamente.
- Practica el mismo material hasta que te quede en la memoria a largo plazo. Esto generalmente lleva, al menos, dos semanas. Lleva un registro para que sepas cuánto tiempo has estado trabajando en cada una de las formas.
- No practiques con errores. Ve lo suficientemente despacio para asegurarte de cometer la menor cantidad de errores posible.
- Sé paciente contigo mismo, independientemente del tiempo que tome.
- Felicítate por cada pequeño logro. Una actitud mental positiva es fundamental para ayudarte a continuar.

DIAGRAMAS, TRASTES Y CUERDAS

Objetivo: Comprender los diagramas del diapasón con trastes. Nombrar las cuerdas abiertas.

Trastes

Los diagramas estándares de guitarra tienen líneas horizontales para los trastes y líneas verticales para las cuerdas.

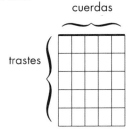

En este libro se indican los números de trastes con números romanos, que ascienden a medida que se acercan al cuerpo de la guitarra. Están escritos al lado del lugar en el que deberían ubicarse los dedos; eso es entre medio (en realidad levemente *atrás*) de los trastes metálicos. Los números de traste muestran la posición del primer dedo (índice).

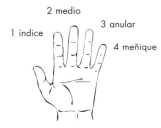

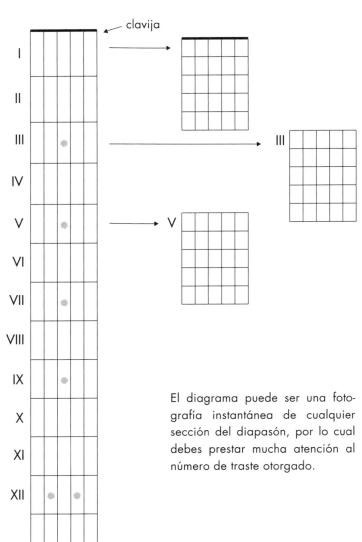

El diagrama puede ser una fotografía instantánea de cualquier sección del diapasón, por lo cual debes prestar mucha atención al número de traste otorgado.

Cuerdas

Las cuerdas están numeradas del 6 al 1. La 6.° cuerda es la más gruesa y la 1.° es la más fina. La 1.° cuerda es la de sonido más agudo.

"Ascender" a la siguiente cuerda significa "ascender en el sonido musical". A menos que estés tocando la guitarra patas para arriba (consulta el Capítulo 19), la yema de tu dedo se acerca al piso cuando lo mueves hacia una cuerda más aguda. En ese sentido, los números son opuestos a lo que puedes esperar. Es demasiado tarde para cambiarlo ahora. Todos los libros sobre guitarra hacen referencia a las cuerdas de esta manera.

Si comienzas con la 6.° cuerda, los nombres de las letras de las cuerdas son: **E A D G B E.** Memorízalas antes de continuar. Una vez que las hayas memorizado, deberías ser capaz de decir claramente que la 4.° cuerda es la D, la 2.° es la B, y así sucesivamente. Vamos a tratar de mantener un bajo nivel de memorización, pero a veces es inevitable.

Ejercicio N.º 1

Etiqueta las cuerdas del siguiente diagrama en blanco. Hazlo de memoria y cubre los párrafos previos con las manos. Se le ha puesto nombre a la 6.º cuerda para ti.

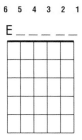

Ejercicio N.º 2

Cuando un diagrama cubre muchos trastes se da vuelta sobre su lado izquierdo. Usemos un diagrama para repetir el trabajo previo para la práctica. Etiqueta las cuerdas. ¡Adelante!

Ejercicio N.º 3

Responde estas preguntas *en voz alta* y completa las partes en blanco.

1. ¿Cuál es el nombre de la letra de la tercera cuerda? _____
2. ¿Qué número de cuerda es la cuerda B? _____
3. ¿Cuál es el nombre de la letra de la quinta cuerda? _____
4. ¿Qué número de cuerda es G? _____
5. ¿Cuál es el nombre de la letra de la sexta cuerda? _____
6. ¿Qué número de cuerda es A? _____
7. ¿Cuál es el nombre de la letra de la segunda cuerda? _____
8. ¿Qué número de cuerda es E? _____
9. ¿Cuál es el nombre de la letra de la primera cuerda? _____
10. ¿Qué número de cuerda es D? _____

LAS CINCO FORMAS DE NOTA FUNDAMENTAL

Objetivo: Aprender las cinco formas de nota fundamental.

Cada escala, acorde o melodía es una colección de notas que tienen una nota principal llamada *nota fundamental*. La fundamental es la nota que nos guía. Sin la fundamental, estamos perdidos.

Cuando sabemos adónde se ubica la fundamental, podemos encontrar otra cerca. Las dos fundamentales forman una **forma de nota fundamental**. Existen cinco formas de fundamental en total, por lo cual las numeramos del 1 al 5. Se muestran debajo de la tonalidad de C. Es la Piedra de Rosetta, el Santo Grial y la Carta Magna de la comprensión sobre guitarra. Si estuvieras mirando una producción importante de imágenes en movimiento, un coro gigante gritaría "¡AHORA!".

Tonalidad de C

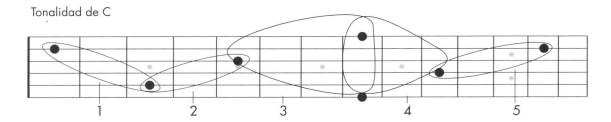

A medida que avancemos a través del libro, descubrirás cuán importantes son estas formas de nota fundamental; cada escala, arpegio o acorde que formemos se basará en ellas. Haré referencia a estas formas como "patrones" (por ejemplo, patrón 1, patrón 2, etc.), ya que finalmente se asociarán con los patrones de escalas basados en las mismas formas.

Por ahora, observemos, toquemos y aprendamos minuciosamente las cinco formas de nota fundamental, una por vez, y veamos lo que las distingue unas de otras. Pon tu primer y tercer dedo sobre las notas en el diagrama y repite en voz alta:

"**El patrón 1** tiene fundamentales en la segunda y quinta cuerda, ¡dos trastes de separación!

Ahora sube el *primer* dedo hasta el lugar exacto que ocupaba el tercer dedo en el tercer traste. Luego baja el tercer dedo al quinto traste de la tercera cuerda, repitiendo todo el tiempo con una declaración estridente:

"**El patrón 2** tiene fundamentales en la quinta y tercera cuerda, ¡dos trastes de separación!

Observa que el patrón 2 comparte una fundamental de la quinta cuerda con el patrón 1 de más arriba. Cada patrón se superpone con el patrón siguiente. Esta superposición se aplica a todos los acordes, las escalas y los arpegios que estudiaremos.

Al tocar las fundamentales en el *patrón 3*, *no* tienes que estirar la mano y tocar las tres notas juntas. La idea es aprender las relaciones de espacio. Sólo toca la C de la tercera cuerda del quinto traste con tu primer dedo y toca las dos notas que quedan una después de la otra con tu cuarto dedo. Refuerza la nueva forma diciendo:

"**El patrón 3** tiene fundamentales en las tercera, primera y sexta cuerda, ¡tres trastes de separación!

V

El patrón 4 comparte dos notas con el patrón 3. Ubica tu *primer* dedo, ya sea sobre la primera o sexta cuerda en el octavo traste, y tu *tercer* dedo sobre la cuarta cuerda en el décimo traste. Ubica los dedos correctamente y luego di en voz alta:

"**El patrón 4** tiene fundamentales en las primera, sexta y cuarta cuerda, ¡dos trastes de separación!

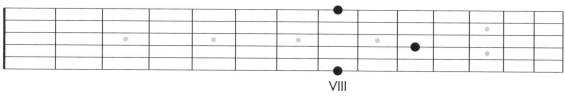

VIII

Para el patrón 5, ubica el primer dedo sobre la cuarta cuerda en el décimo traste. Pon el cuarto dedo en el décimo tercer traste, segunda cuerda. Una vez más:

"**El patrón 5** tiene fundamentales en la cuarta y segunda cuerda, ¡tres trastes de separación!

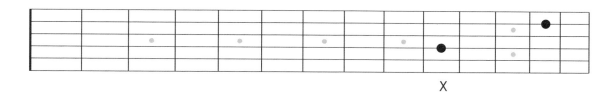

X

Ahora hemos tocado las cinco formas de fundamental. Sin embargo, no hemos terminado. El ciclo se repite sobre el diapasón hasta que la guitarra se queda sin trastes. Ahora tocaremos el patrón 1 nuevamente, comenzando por la nota más aguda que hemos tocado hasta el momento, en el decimotercer traste.

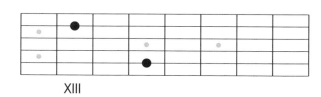

XIII

Continuaremos con el patrón 2 en el decimoquinto traste y con tantos más como puedas tocar cómodamente.

Las cinco formas de fundamental pueden comenzar en cualquier nota, en cualquier parte del diapasón, pero las formas son siempre las mismas y siempre ocurren en el mismo orden, aunque la secuencia puede comenzar en un punto diferente. Por ejemplo, aquí presentamos las cinco formas de fundamental a medida que ocurren en el diapasón en la tonalidad de G:

Tonalidad de G

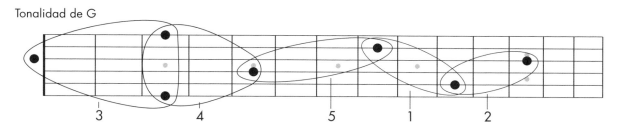

3   4   5   1   2

Ejercicio N.° 4

Cada nota de las siguientes pertenece a dos formas de nota fundamental. Completa ambas formas y coloca los números de patrón. La primera está hecha para ti.

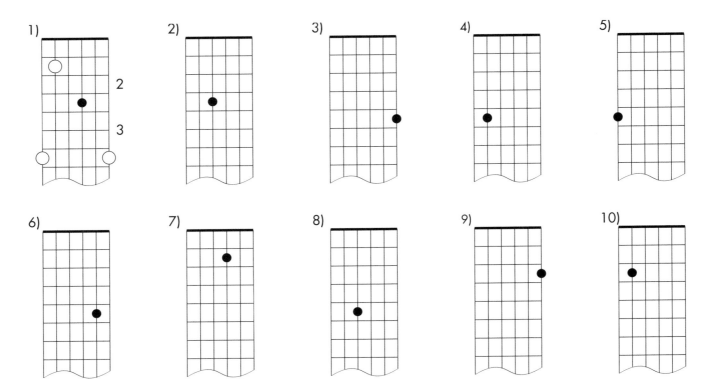

Ejercicio N.° 5

Dibuja las cinco formas de nota fundamental basadas en las siguientes notas. Etiqueta los números de patrones. La primera está hecha para ti.

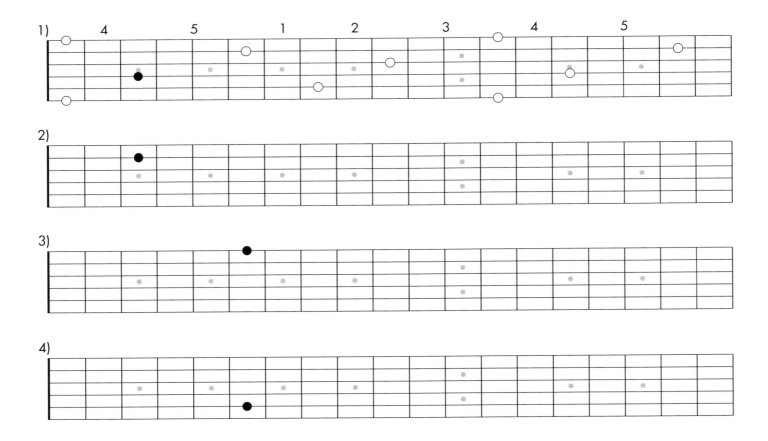

5)

6)

7)

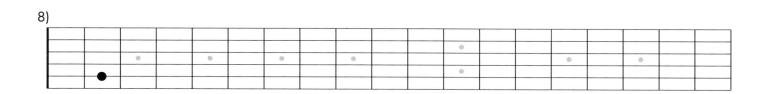

8)

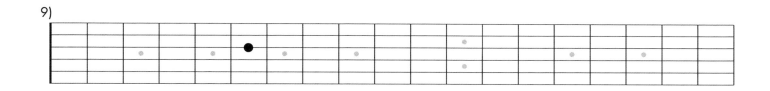

9)

10)

Toca

Una vez que hayas completado el ejercicio anterior, toca tu guitarra siguiendo los diagramas. Comienza al final del diapasón y trabaja en forma ascendente. Di en voz alta las formas de nota fundamental a medida que las toques, así:

"Número uno: Patrón 4... Patrón 5... Patrón 1... Patrón 2... Patrón 3... Patrón 4... Patrón 5... Número dos... "

No te preocupes por los nombres de las notas; sólo concéntrate en nombrar (y tocar) las formas de nota fundamental.

TONOS COMPLETOS Y SEMITONOS

Objetivo: Aprender el alfabeto musical. Reconocer tonos completos y semitonos. Memorizar los semitonos naturales entre B y C, y E y F.

Existen doce notas musicales. Sin embargo, se les da nombre con el uso de siete letras del alfabeto: A, B, C, D, E, F y G. ¿No es confuso?

Usamos siete letras porque la mayor parte de la música está basada en escalas de siete notas. Una escala puede deletrearse rápidamente al usar las siete letras. Algunas de las letras pueden tener **accidentes** (♯, ♭ o ♮), luego de los cuales se muestra exactamente cuál de las doce notas posibles se desea. Los accidentes son de vital importancia, así que repite en voz alta la siguiente oración:

> *"El **sostenido** (♯) hace una nota más aguda, el **bemol** (♭) la hace más grave y el **natural** (♮) la devuelve a su lugar".*

Otro término musical que se utiliza para "nota de escala" es **diatónica**. Diatónica significa "de la escala". Una nota **no diatónica** es una de las cinco notas que no está en la escala. (Las escalas tienen siete notas, y doce menos siete es igual a cinco, por supuesto).

Casi al mismo tiempo que la música alcanzaba el estado de desarrollo moderno, los teclados se perfeccionaban. La guitarra es un instrumento más antiguo; sin embargo, sigue las reglas que se ilustran más fácilmente a través del teclado. El teclado está distribuido de tal forma que las siete teclas blancas forman la escala mayor de C. Entre las teclas blancas, hay cinco teclas negras. El patrón completo de doce notas se repite para que podamos tocar música en registros más agudos o más graves.

Las teclas blancas se llaman notas naturales, cuyos nombres completos son "C natural", "D natural", y así sucesivamente. Las teclas negras se designan según la referencia a la nota de arriba o de abajo (físicamente a la izquierda o a la derecha). Por ejemplo, la tecla negra entre C y D puede llamarse "C sostenido (C♯), o también puede denominarse "D bemol" (D♭).

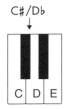

Para ver cómo se aplica el sistema a la guitarra, miremos las notas naturales en algo parecido a un piano, por así decirlo: es decir, ascender y descender en una sola cuerda. Usemos la quinta cuerda.

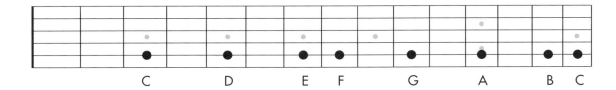

Fíjate que algunas notas están a dos trastes de separación, mientras que otras están una al lado de la otra. La distancia entre dos trastes se llama **tono completo** (o simplemente "tono"). La distancia de un tono al siguiente se llama **semitono**.

Debemos recordar que hay un semitono entre B y C, y entre E y F. Estos son los lugares donde no hay teclas negras que separen las teclas blancas en el piano. Estas notas naturales están sólo a un traste de separación en la guitarra. Cada una de las notas naturales está a un tono de separación (dos trastes). Para que lo aprendas, necesito que abras la ventana y se lo grites al mundo:

"¡Existe un semitono entre **B** y **C**, y un semitono entre **E** y **F**!"

Luego di esto:

"¡**B**ernardo **C**astro y **E**rnesto **F**ernández son dos amigos míos!"

Las cuerdas de la guitarra son como seis pianos, cada una comienza en una nota diferente. Para el siguiente ejercicio, dibujaremos las notas naturales sobre cada cuerda a fin de reafirmar la idea de que existe un semitono de B a C y un semitono de E a F. Es todo en lo que necesitas pensar mientras lo haces. Todavía no intentes memorizar cada nota del diapasón.

Ejercicio N.° 6

Dibuja las notas naturales sobre cada cuerda. Escribe los nombres debajo. La sexta cuerda está hecha para ti.

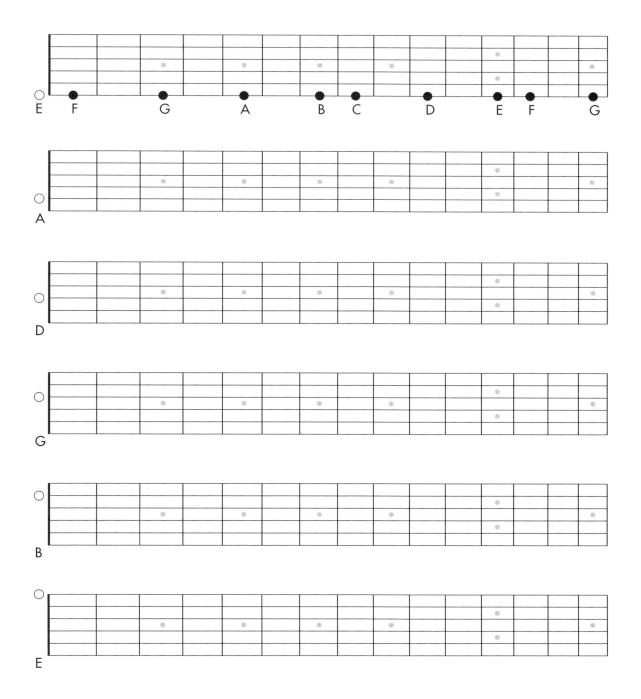

Ejercicio N.° 7

Una vez que hayas completado los dibujos de las notas naturales, regresa y escribe los nombres de los cinco accidentes a su alrededor. Escribe tanto los nombres de los sostenidos (♯) como de las bemoles (♭). Así, cada accidente tendrá dos nombres. Así lucirá el primero.

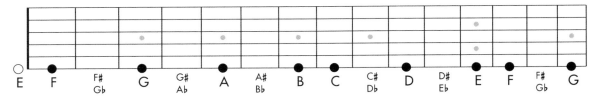

Ejercicio N.° 8

Las notas del decimosegundo traste son las mismas que las cuerdas abiertas. Usa un diagrama para cada cuerda y coloca la nota en decimosegundo traste. Luego escribe las notas naturales para cada cuerda nuevamente, sólo que esta vez comienza con el decimosegundo traste y *deletrea hacia atrás* hacia la posición abierta. Recuerda usar los semitonos entre F y E, así como entre C y B.

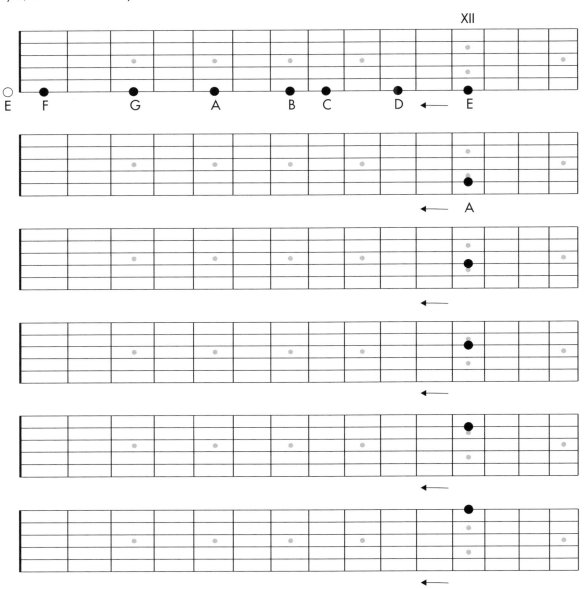

Para practicar más, **toca** todas las notas naturales de cada cuerda abierta de tu guitarra, desde la posición abierta hasta el traste más agudo que puedas tocar con comodidad. Di cada nota (y la posición de su traste) en voz alta a medida que tocas:

"Cuerda 6: E, abierta... F, 1.° traste... G, 3.° traste... A, 5.° traste... B, 7.° traste... (etc.)"

Decir las posiciones de los trastes reforzará tu conciencia sobre tonos y semitonos. Una vez más, no te preocupes por memorizar las notas. Primero aprende el alfabeto musical y recuerda aquellos semitonos entre E y F, y B y C.

NOMBRES DE LAS NOTAS

Objetivo: Aprender a denominar cualquier nota en el diapasón.

Para denominar cualquier nota en el diapasón usa tus conocimientos de semitonos naturales (Bernardo Castro y Ernesto Fernández) y las cinco formas nota fundamental.

Por ejemplo, nombremos las notas del séptimo traste de la segunda cuerda.

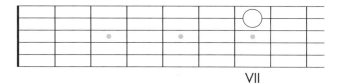

VII

Método N.° 1: Notas naturales

Para recordar los tonos y semitonos naturales correctos podemos contar hacia arriba desde la cuerda B abierta:

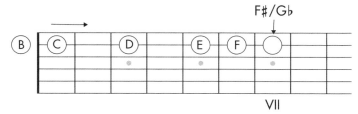

VII

Vemos que la nota es F# o Gb. Hasta que sepamos a qué escala está asociada la nota, no sabremos si usar la denominación sostenido o bemol. Está bien. Necesitamos saber ambos nombres, así que usaremos los nombres para todos los accidentes de este ejercicio.

El decimosegundo traste de cada cuerda es la misma nota que la cuerda abierta, así que también podemos contar en forma descendente desde allí para denominar la nota del séptimo traste. Necesitamos saber el alfabeto musical tanto hacia atrás como hacia adelante.

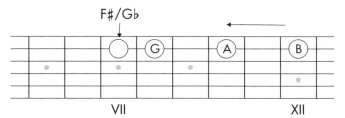

VII   XII

Método N.° 2: Formas de nota fundamental

También podemos usar las cinco formas de fundamental para denominar las notas. Como nuestra nota está en la segunda cuerda, pertenece al patrón 5, el cual tiene fundamentales en la segunda y cuarta cuerda, a tres trastes de separación. Así, la nota en el cuarto traste de la cuarta cuerda tiene el mismo nombre que nuestra nota.

Patrón 5

VII

15

El patrón 4 tiene fundamentales en la primera, sexta y cuarta cuerda, a dos trastes de separación. Es por eso que la nota del segundo traste de la sexta cuerda también tiene el mismo nombre que nuestra nota. Esta nota se encuentra dos trastes más arriba que la E abierta, por lo que esta (y nuestra nota) es F# o G♭.

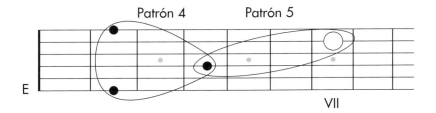

Nueva nota: D en el 7.° traste

Usar formas de fundamental para denominar notas funciona bien para memorizar algunas notas más, además de las cuerdas abiertas. Por ejemplo, memoriza la **D** en el séptimo traste de la tercera cuerda.

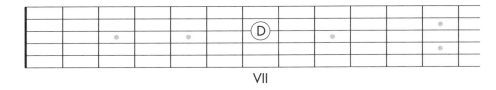

Ahora serás más rápido al nombrar las notas de la tercera cuerda en esta área general. Y debido a que cualquier nota en la tercera cuerda es parte de las formas de fundamental 2 y 3, tienes el conocimiento directo de las notas que componen esas formas.

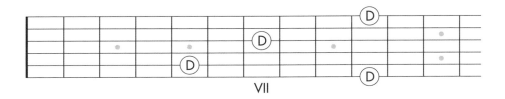

Ejercicio N.° 9

Nombra *en voz alta* y escribe los nombres de las notas que se encuentran en estas posiciones en el diapasón. Si es necesario, usa el siguiente diagrama para visualizar las notas.

1. 3.° cuerda, 2.° traste: _____

2. 5.° cuerda, 3.° traste: _____

3. 2.° cuerda, 4.° traste: _____

4. 4.° cuerda, 6.° traste: _____

5. 6.° cuerda, 7.° traste: _____

6. 6.° cuerda, 9.° traste: _____

7. 3.° cuerda, 11.° traste: _____

8. 4.° cuerda, 4.° traste: _____

9. 6.° cuerda, 8.° traste: _____

10. 5.° cuerda, 7.° traste: _____

11. 2.° cuerda, 7.° traste: _____

12. 2.° cuerda, 11.° traste: _____

13. 4.° cuerda, 8.° traste: _____

14. 3.° cuerda, 10.° traste: _____

15. 1.° cuerda, 13.° traste: _____

CÓMO BUSCAR NOTAS

Objetivo: Practicar cómo encontrar notas en el diapasón con trastes en diferentes posiciones.

Encontrar las notas en el diapasón puede resultar difícil, porque la misma nota puede tocarse en muchos lugares diferentes. ¿Qué lugar es el mejor? Generalmente, la elección es mejor si se tienen en cuenta consideraciones técnicas. Este libro no se trata verdaderamente de técnica; sino de saber adónde están las cosas. Pero una buena técnica y el conocimiento sólido del diapasón van juntos. Cuando los movimientos son suaves y breves, es más difícil perderse. Así es que las personas tocan sin mirarse las manos.

- **Usa un mínimo cambio de posición.** Muchas veces romperás esta regla para encontrar la forma más fácil de tocar una frase o para obtener el mejor sonido de la guitarra. Pero especialmente cuando leas o aprendas una pieza musical de oído por primera vez, usa el mínimo movimiento de las manos. Encuentra notas lo más cerca posible a la posición de tu mano y tócalas con el dedo más cercano.

- **Quédate donde estás** hasta que sepas exactamente adónde estás yendo. No levantes los dedos ni te olvides del cuello. Usa la última nota que tocaste como punto de partida para encontrar la próxima.

- **Evita usar el mismo dedo dos veces en una fila.** Esta es otra regla que romperás. Si esto causa que te salgas de tu posición, es algo que debes evitar cuando aprendes nuevas formas. Sé consciente de las notas más agudas y más graves que tocarás y planea en consecuencia para que no tengas que romper esta regla más de lo necesario.

Encontrar las notas es un proceso visual, así que no te confundiré con explicaciones. Si te familiarizas con algunas pocas notas en diferentes lugares, puedes usar tu conocimiento de semitonos naturales o formas de fundamental para encontrarlos todos.

El siguiente ejercicio te dará práctica para encontrar notas en diferentes posiciones del diapasón. Puedes necesitar cualquiera de los cuatro dedos de tu mano izquierda, o mover la mano hacia arriba o hacia abajo para encontrar la nota que quieres. Esto es importante: cuando se indica la posición de un traste o un diagrama en este libro, no dejes que tu primer dedo quede más abajo que el traste.

Por ejemplo, digamos que estás en la cuarta posición y necesitas tocar una C. Busca la C siguiendo las formas de fundamental de una nota familiar (en este ejemplo, la cuerda B abierta). Usa el segundo dedo para tocar la C para que no necesites cambiar de posición.

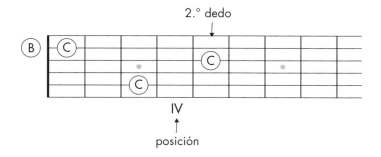

Ejercicio N.° 10

Dibuja la nota en la cuerda correcta, en el traste indicado. Usa tu conocimiento de las notas naturales o de las cinco formas de fundamental. Tal vez necesites usar diferentes métodos:

- cuenta de forma ascendente a partir de cada cuerda abierta
- cuenta en forma descendente a partir del 12.° traste de cada cuerda
- cuenta en forma ascendente o descendente a partir de otra nota familiar (por ejemplo, D en el 7.° traste)
- elige una nota que esté cerca (por ejemplo, E) y encuéntrala primero

1)

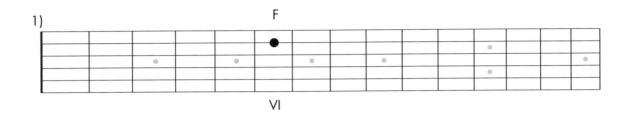

2)

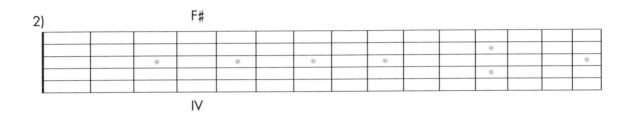

3)

4)

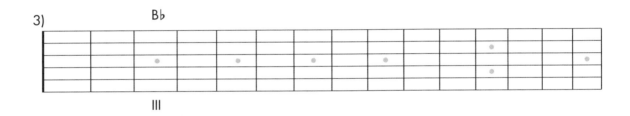

5)

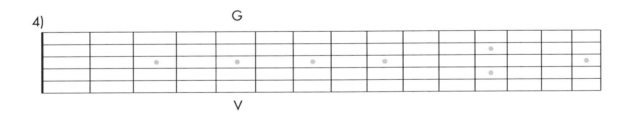

6)

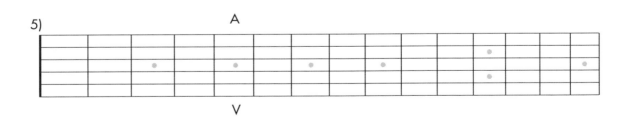

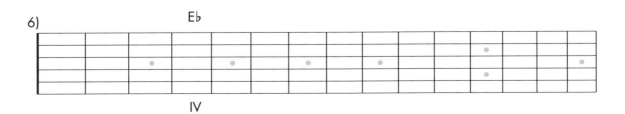

7)   C

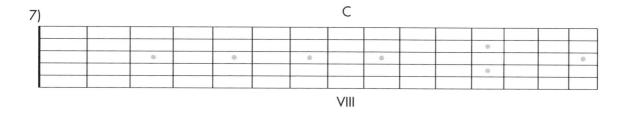

VIII

8)   B

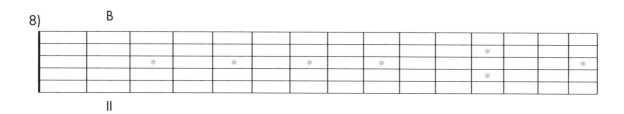

II

9)   D♭

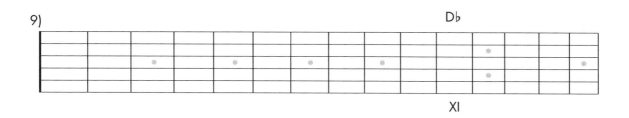

XI

10)   C

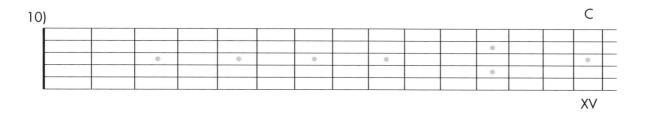

XV

Práctica

1. Pasa cinco minutos por día nombrando notas sobre el diapasón en voz alta. La mejor manera es denominar las notas de cualquier canción o frase que hayas aprendido, pero también puedes usar notas al azar. Entonces, en vez de pensar en "este dedo va aquí", di en voz alta "¡estoy tocando A♭ en el noveno traste de la segunda cuerda!" Haz esto durante al menos una semana.

2. Cada semana, durante las próximas siete semanas, enfócate en una nota natural. Comienza con la A y tócala durante cinco minutos por día. Usa las cinco formas de fundamental para dibujar en un diagrama con todas las A del diapasón completo. Mientras miras el diagrama y tocas cada A en la guitarra, menciona su posición en voz alta así:

"Quinta cuerda, abierta. Tercera cuerda, segundo traste. Sexta cuerda, quinto traste. Primera cuerda, quinto traste... "

Sigue adelante hasta que hayas cubierto todas las A en el diapasón. Al día siguiente, *dibuja el diagrama nuevamente* y repite el proceso de denominación. Durante esa semana, toma nota cada vez que toques una A. En la semana 2, avanza a la B y repite el proceso. (No dejes de trabajar a tu manera a lo largo de lo que resta de este libro; sólo agrega esto a tu rutina diaria de práctica).

LA ESCALA MAYOR

Objetivo: Entender y formar escalas mayores en el diapasón con trastes.

En este capítulo, aprenderás a formar escalas mayores comenzando por cualquier nota. En el siguiente capítulo, trabajarás en sus patrones de digitación. Finalmente, memorizarás las escalas y sus patrones; pero es mejor que entiendas primero qué son las escalas.

La fórmula de escala mayor

Se hace referencia a las notas de una escala como **grados de la escala** o sólo "grados". Para entender adónde están los grados, sólo necesitas memorizar la fórmula de la escala mayor. Repítela en voz alta algunas veces:

> *"Tono, tono, semitono, tono, tono, tono, semitono"*

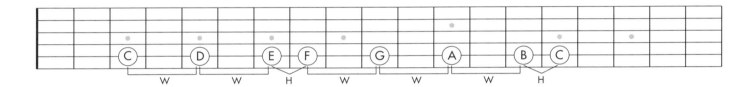

En cualquier escala mayor hay semitonos entre los 3 y 4 grados, y entre los 7 y 8 grados. Entre los otros grados existen tonos. Cuando escribas una escala en un papel, pon signos de intercalación (^) entre las notas que están a un semitono de separación, así: 1 2 3^4 5 6 7^8.

A fin de mantener esta fórmula cuando comiences con otras notas *que no sean C*, tenemos que incluir algunos accidentes (las teclas negras del piano). Si recuerdas que existen semitonos naturales entre B y C, y E y F, serás capaz de deducir cuáles son los accidentes en cualquier escala.

Por ejemplo, vamos a deletrear la escala mayor de F comenzando por F, en el tercer traste de la cuarta cuerda. Primero hay un tono entre los grados 1 y 2, F a G. Luego, un tono entre los grados del 2 al 3 es A. Para seguir la fórmula, necesitamos un semitono entre los grados 3 y 4. Pero B está muy lejos (a un tono de distancia) por lo que, en su lugar, tocamos B♭. B♭ es, entonces, la 4.° nota de la escala mayor de F.

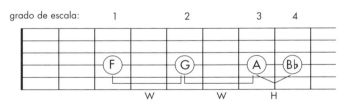

De la 4.° a la 5.° hay un tono. Esto funciona con C natural debido a la ocurrencia natural del semitono entre B y C. Entonces, dos tonos más nos da D y E. El semitono final de los grados del 7 al 8 nos devuelve a F.

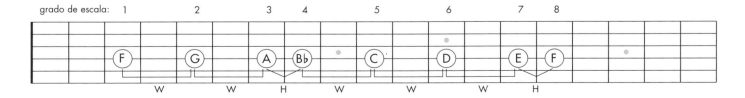

Accidentes

Cuando una escala comienza con una nota accidental, puedes usar un sostenido o un bemol para denominarla. Los nombres de las otras notas deberían seguir el ejemplo. *No mezcles sostenidos con bemoles en la misma escala.* Generalmente, una elección tendrá menos accidentes que la otra, lo que facilitará un poco su uso. En el siguiente ejemplo, yo la llamaría escala mayor de D♭ porque tiene sólo cinco trastes, pero C♯ mayor con siete sostenidos también es correcto.

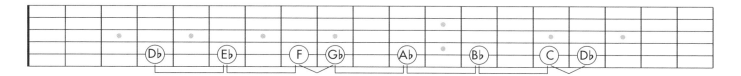

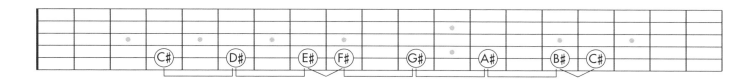

Tal vez te estés preguntando cómo una nota puede llamarse F en un diagrama y E♯ en otro. Se debe a esta regla importante acerca del deletreo de escalas:

> *"Las siete letras se usan exactamente una vez en una escala".*

Yo la llamo la **regla del alfabeto**. Cuando les digo esto a mis alumnos, me contestan con un gran "¡Ajá!". Revisa nuevamente los diagramas de esta página y verás que cada nota tiene su propia letra, y que las siete letras se usan una sola vez.

La escala mayor de D debe tener tanto F♯ como C♯, a fin de seguir la fórmula de la escala mayor *y* la regla del alfabeto.

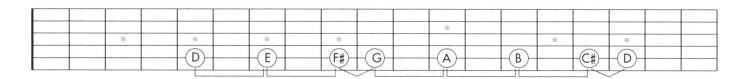

Ejercicio N.° 11

Deletrea las escalas mayores *sobre la cuerda* y comienza con las notas que presentamos a continuación. Usa la fórmula de escala mayor y la regla del alfabeto. Di las notas en voz alta a medida que las escribas.

1)

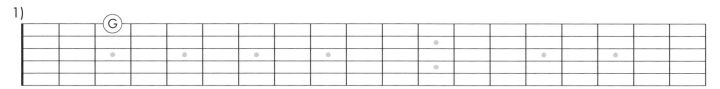

2)

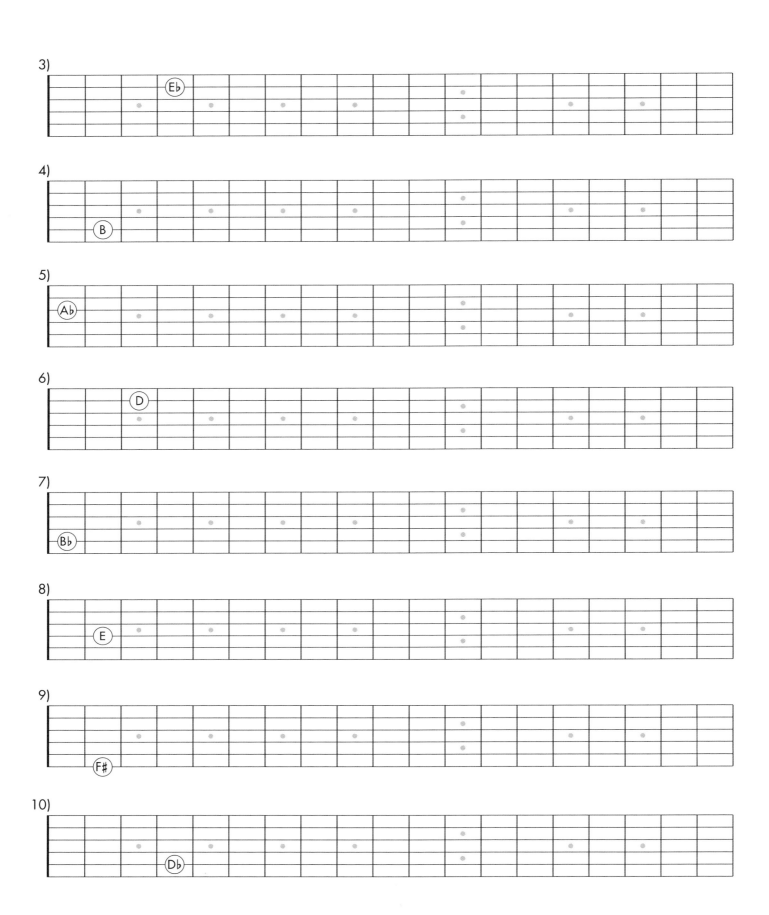

Ahora **toca** a través de los diagramas de arriba. Di el nombre de cada escala en voz alta y luego el nombre de cada nota a medida que la tocas:

"D mayor: D...E...F#...G...A...B...C#...D..."

LOS CINCO PATRONES DE ESCALA MAYOR

Objetivo: Formar los cinco patrones de las escalas mayores.

Los tonos y semitonos eran fáciles de ver cuando se tocaba la escala mayor en una cuerda. Sin embargo, normalmente tocamos las escalas *en una posición* a través de *todas* las cuerdas. Para hacerlo, necesitamos conocer los tonos y semitonos que cruzan de una cuerda a la siguiente.

Tonos

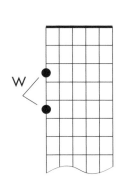 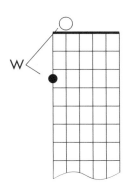 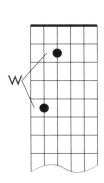 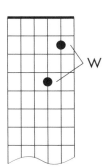 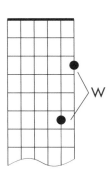

El tono generalmente está a *tres trastes* de distancia en forma descendente del diapasón cuando asciendes de una cuerda a la siguiente. Se da una excepción cuando cruzas de la tercera cuerda a la segunda. En este caso, el tono se encuentra a *dos trastes* de distancia.

¿Por qué? Porque tenemos que compensar el cambio de sintonización entre la tercera y la segunda cuerda. Esto es así para todo lo que aprendemos sobre el diapasón. A buen entendedor pocas palabras: el cambio de sintonización en la segunda cuerda ocurre por una buena razón. Si lo eliminas para "facilitar las cosas", no serás capaz de tocar acordes y te crearás muchos desafíos innecesarios. No lo hagas.

Ahora veamos las diferentes maneras en las que puede verse un semitono.

Semitonos

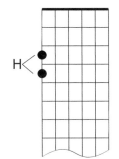 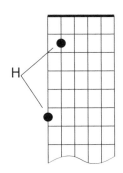 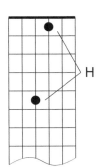 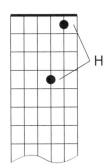 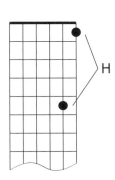

El semitono generalmente está a *cuatro trastes* de distancia en forma descendente del diapasón cuando asciendes de una cuerda a la siguiente. La excepción, una vez más, ocurre cuando cruzas a la segunda cuerda; en ese caso, el semitono está a *tres trastes* de distancia.

Cómo formar patrones de escala mayor

Podemos formar escalas mayores con todas las notas en una cuerda como hicimos en el Capítulo 6 o con cualquier número de notas por cuerda antes de ascender a la siguiente cuerda; sin embargo, nuestra meta de crear patrones de digitación es para minimizar los cambios de posición a fin de poder rastrear mejor adónde se ubica todo lo que está debajo de nuestros dedos. Esto nos ayudará a tocar solos con cambios de acordes y tonalidad. Además, será útil para tocar partes con ritmo suave.

Los cinco patrones de la escala mayor que formaremos se corresponden exactamente con las cinco formas de fundamental. Cada patrón de escala tiene tres notas por cuerda, excepto por el punto en cada patrón donde sólo se tocan dos notas en una cuerda. Las fundamentales aparecen rodeadas de un círculo para que puedas ver inmediatamente qué patrones del 1 al 5 estás tocando. Cuando practiques estos patrones, comienza y termina en la fundamental, pero toca todas las notas que puedas alcanzar sin cambiar de posición.

Ejercicio N.° 12

Dibuja patrones de escala mayor en estas fundamentales siguiendo la fórmula de escala mayor. No vayas más allá del marcador del traste. Usa la menor cantidad de cambios de posiciones posibles. Marca con un círculo todas las fundamentales. Coloca los números de patrones.

1) Patrón mayor de D ___1___

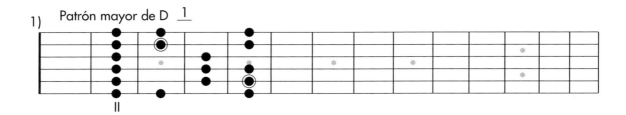

2) Patrón mayor de G ___

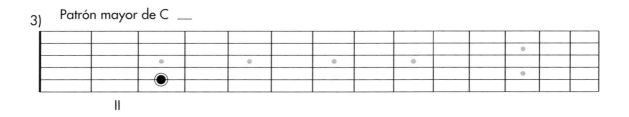

3) Patrón mayor de C ___

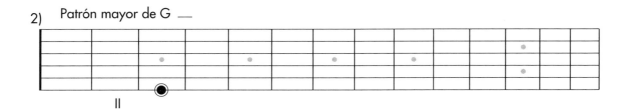

4) Patrón mayor de E ___

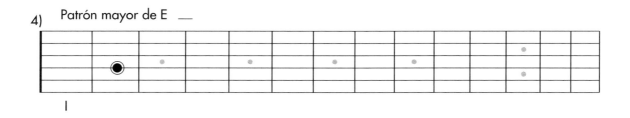

5) Patrón mayor de B♭ ___

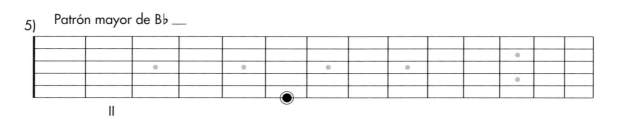

6) Patrón mayor de G __

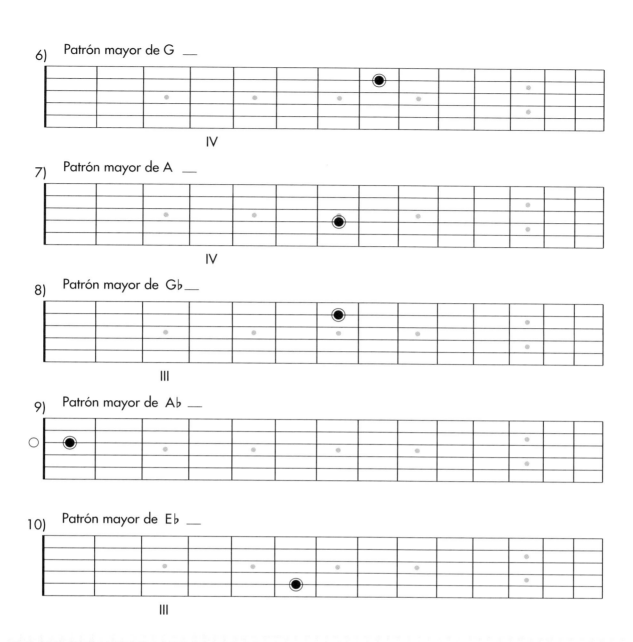

IV

7) Patrón mayor de A __

IV

8) Patrón mayor de G♭ __

III

9) Patrón mayor de A♭ __

10) Patrón mayor de E♭ __

III

Ahora **toca** cada patrón. Primero di en voz alta el nombre de la escala y el número de patrón. También puedes identificar el grado de cada escala (1-7) a medida que lo toques. Comienza con la fundamental más grave del patrón y luego toca hacia la nota más aguda; posteriormente, vuelve a la nota más grave antes de regresar a la fundamental.

Práctica

Aquí presentamos las cinco formas de fundamental; crea los cinco patrones de escala mayor a su alrededor. Asegúrate de revisar tus respuestas tocando todos los patrones.

Patrón 1   Patrón 2   Patrón 3   Patrón 4   Patrón 5

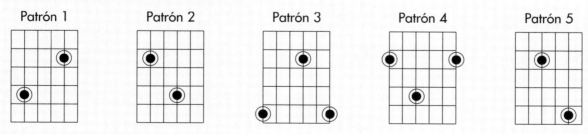

Intenta elegir una fundamental y tocar los cinco patrones a medida que aparezcan en forma ascendente y descendente en el diapasón. Intenta luego con otra fundamental y haz lo mismo. Continúa y explora la guitarra con el uso de los cinco patrones.

LA ESCALA MENOR NATURAL

Objetivo: Formar los cinco patrones de la escala menor natural. Comprender la menor relativa y la mayor relativa.

Mientras que existe sólo una fórmula para la escala mayor, hay muchas escalas menores, cada una de las cuales tiene su propia fórmula. Cuando las personas dicen "escala menor", la **escala menor natural** es en la que deberías pensar primero. Aquí está la fórmula (asegúrate de decirla en voz alta):

> *"Tono, semitono, tono, tono, semitono, tono, tono"*

Existen semitonos entre los grados 2 y 3, y entre los grados 5 y 6. Se escribe:
1 2^3 4 5^6 7 8.

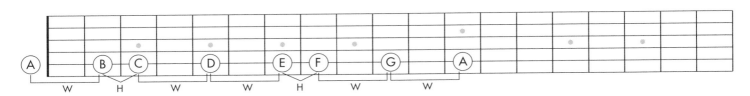

Ejercicio N.° 13

Dada la posición del diapasón y la fundamental de la escala, forma los diagramas de los patrones de la escala menor natural con la fórmula de la escala menor. No vayas más allá del marcador de posición. Marca con un círculo las notas fundamentales. Coloca el nombre de la escala y el número de patrón.

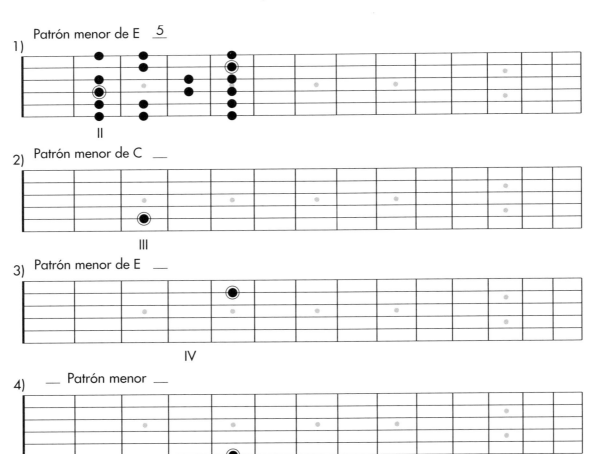

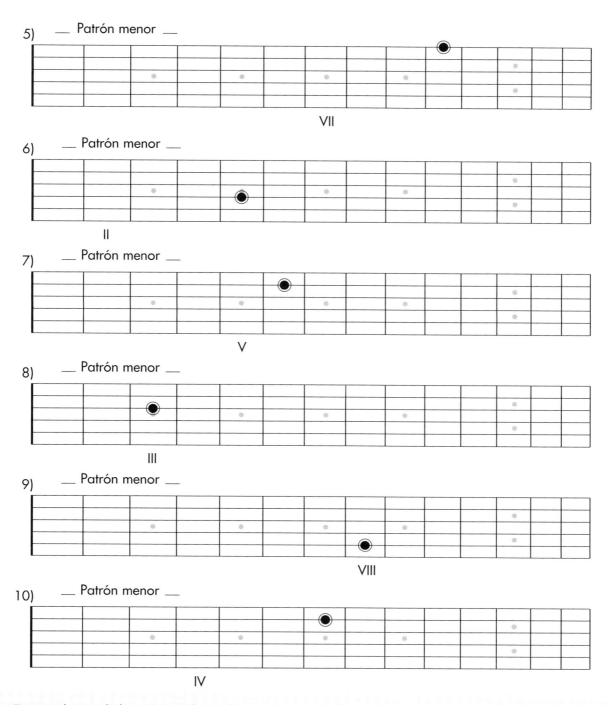

5) — Patrón menor —

VII

6) — Patrón menor —

II

7) — Patrón menor —

V

8) — Patrón menor —

III

9) — Patrón menor —

VIII

10) — Patrón menor —

IV

Toca cada uno de los patrones de escala menor mencionados anteriormente. Di en voz alta el nombre de la escala y su número de patrón. Una vez más, toca de la fundamental más grave a la nota más aguda, desciende a la nota más grave y luego regresa a la fundamental. Si quieres, identifica el grado de cada escala (1-7) a medida que lo toques.

Práctica

Aquí presentamos las cinco formas de fundamental. Forma los cinco patrones de la escala menor natural a su alrededor a modo de revisión. Asegúrate de revisar tus respuestas tocando todos los patrones.

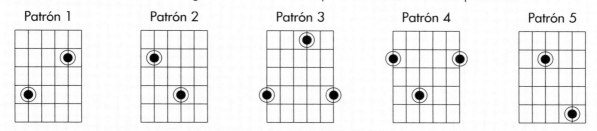

Patrón 1   Patrón 2   Patrón 3   Patrón 4   Patrón 5

Intenta elegir una fundamental y tocar los cinco patrones a medida que aparezcan en forma ascendente y descendente en el diapasón. Intenta luego con otra fundamental y haz lo mismo.

Menor y mayor relativas

Mientras tocabas en el ejercicio previo, capaz hayas notado que los patrones son los mismos que los que dibujaste para la escala mayor. ¡El único cambio fue que nos referimos a una nota diferente como la fundamental! Por ejemplo, cuando dibujaste una escala menor de E, usaste las notas de la escala mayor de G. Esto es porque E menor es la *menor relativa* de la G mayor.

Esta revelación es tan importante que me gustaría que la repitas en voz alta:

> "El **sexto grado** de una escala mayor es la fundamental de su **menor relativa**".

Lo opuesto también es verdadero. La G mayor es la *mayor relativa* de la E menor. También repitamos esto en voz alta:

> "El **tercer grado** de una escala menor es la fundamental de su **mayor relativa**".

Ejercicio N.° 14

Regresa al Ejercicio N.° 13. Agrega una marca (en paréntesis) en cada una para mostrar la mayor relativa. Dibuja un cuadrado alrededor de la fundamental de la mayor relativa. Así es como debería verse la primera.

Patrón 5 de E menor (patrón 4 de G mayor)

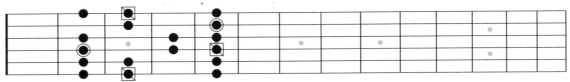

Toca cada uno de los patrones del diapasón del Ejercicio N.° 13 nuevamente. Primero toca la menor natural de su fundamental, luego la mayor relativa de su fundamental. Di en voz alta cada una con su número de patrón antes de tocarla.

Ejercicio N.° 15

Regresa al Ejercicio N.° 12 (en el Capítulo 7) y agrega marcas a cada patrón para mostrar la menor relativa. Dibuja un cuadrado alrededor de la fundamental de la menor relativa.

Patrón 1 de D menor (patrón 2 de B mayor)

Toca cada uno de los patrones del diapasón del Ejercicio N.° 12 nuevamente. Primero toca la mayor de su fundamental, luego la menor relativa de su fundamental. Di en voz alta cada una con su número de patrón antes de tocarla.

ESCALAS PENTATÓNICAS

9

Objetivo: Formar los cinco patrones de la pentatónica mayor y los cinco patrones de la pentatónica menor.

Las escalas pentatónicas tienen solamente cinco notas. La palabra "pentatónica" viene del griego "penta" (cinco) y "tonos" (tono). Siempre con dos notas por cuerda en cada patrón, las escalas pentatónicas son fáciles y divertidas de tocar en la guitarra. Son la base para muchos de los solos de rock, blues y country.

Pentatónica mayor

La pentatónica mayor se puede crear dejando de lado los grados 4 y 7 de la escala mayor de siete notas. Repite en voz alta este atajo para recordar mejor la escala pentatónica:

> *"La pentatónica mayor no tiene cuatro ni siete".*

Ejercicio N.° 16

Dibuja las escalas mayores en las fundamentales que se brindan a continuación. Usa la fórmula de escala mayor anterior: tono-tono-semitono-tono-tono-tono-semitono (1 2 3^4 5 6 7^8). Incluye los grados 4 y 7, pero luego *táchalos* para ver qué notas se han omitido para formar la pentatónica mayor. Marca con un círculo las notas fundamentales. Marca cada diagrama con el nombre y número de patrón. El primero está hecho para que puedas ver cómo deberían verse.

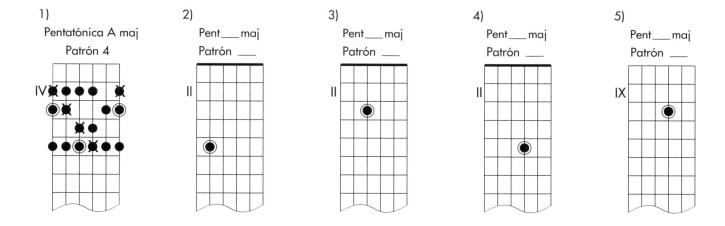

1) Pentatónica A maj — Patrón 4 — IV
2) Pent ___ maj — Patrón ___ — II
3) Pent ___ maj — Patrón ___ — II
4) Pent ___ maj — Patrón ___ — II
5) Pent ___ maj — Patrón ___ — IX

Toca cada uno de los diagramas anteriores. Primero toca el patrón de la escala mayor, luego el patrón de la escala pentatónica mayor. Di en voz alta el nombre de cada escala y su número de patrón.

Pentatónica menor

Para crear la escala pentatónica menor, deja de lado los grados 2 y 6 de la escala menor natural. Repite en voz alta este atajo para recordar mejor la pentatónica menor:

> *"La pentatónica menor no tiene dos ni seis".*

Ejercicio N.° 17

Dibuja las escalas menores naturales en las fundamentales que se brindan a continuación. Usa la fórmula de escala menor anterior: tono-semitono-tono-tono-semitono-tono-tono (1 2^3 4 5^6 7 8). Tacha los grados 2 y 6 para crear la escala pentatónica menor. Marca cada diagrama con el nombre y número de patrón.

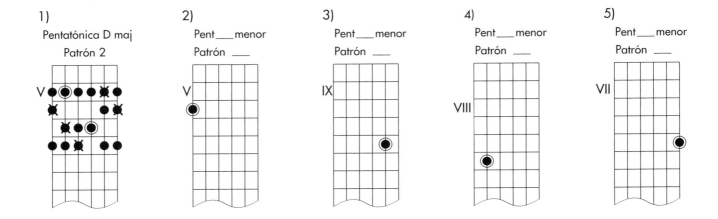

Toca cada diagrama de arriba. Primero toca la escala menor natural, luego la escala pentatónica menor. Asegúrate de identificar el nombre de cada escala y su número de patrón, y di ambos en voz alta antes de tocarlos.

Pentatónicas relativas

El concepto de relativa también se aplica a las escalas pentatónicas. Podemos encontrar la pentatónica menor relativa al decir:

> *"El sexto grado de una escala mayor es la fundamental de su pentatónica menor relativa".*

También se aplica la regla de la mayor relativa:

> *"El tercer grado de una escala menor es la fundamental de su pentatónica mayor relativa".*

Ejercicio N.° 18

Regresa al Ejercicio N.° 16 y escribe el nombre y el número de patrón de la escala pentatónica menor relativa en cada caso. Dibuja un cuadrado alrededor de la fundamental de la pentatónica menor relativa. El primer caso se verá así:

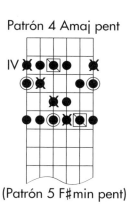

Patrón 4 Amaj pent

(Patrón 5 F#min pent)

Ejercicio N.° 19

Regresa al Ejercicio N.° 17 y escribe el nombre y el número de patrón de la escala pentatónica mayor relativa en cada caso. Dibuja un cuadrado alrededor de la fundamental de la pentatónica mayor relativa. El primer caso se verá así:

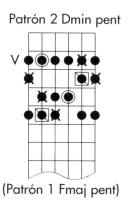

Patrón 2 Dmin pent

(Patrón 1 Fmaj pent)

Ejercicio N.° 20

Usa la fórmula de escala mayor para dibujar las escalas pentatónicas mayores basadas en las fundamentales a continuación. Omite los grados 4 y 7. En cada caso, marca la tonalidad y el número de patrón.

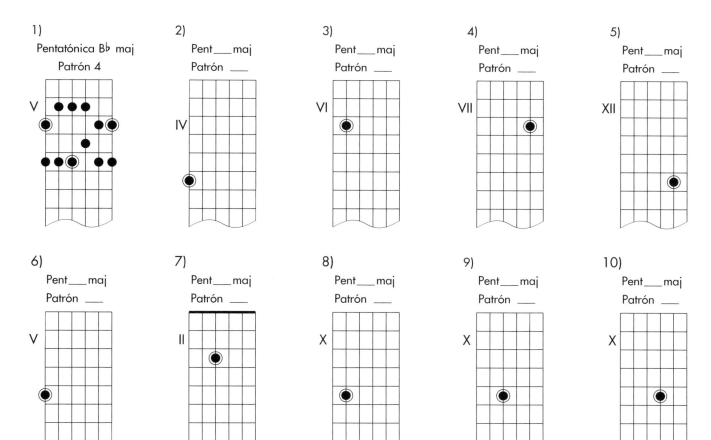

1) Pentatónica B♭ maj Patrón 4

2) Pent ___ maj Patrón ___

3) Pent ___ maj Patrón ___

4) Pent ___ maj Patrón ___

5) Pent ___ maj Patrón ___

6) Pent ___ maj Patrón ___

7) Pent ___ maj Patrón ___

8) Pent ___ maj Patrón ___

9) Pent ___ maj Patrón ___

10) Pent ___ maj Patrón ___

Ejercicio N.° 21

Usa la fórmula de la escala menor para dibujar patrones pentatónicos menores. Omite los grados 2 y 6. En cada caso, marca la tonalidad y el número de patrón.

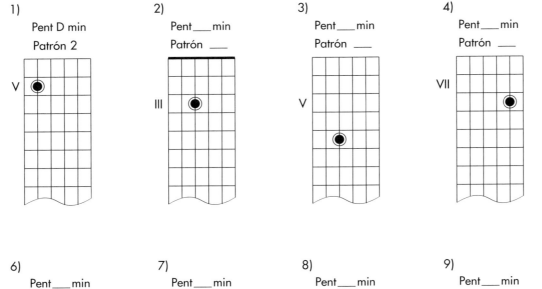

1)
Pent D min
Patrón 2

2)
Pent ___ min
Patrón ___

3)
Pent ___ min
Patrón ___

4)
Pent ___ min
Patrón ___

5)
Pent ___ min
Patrón ___

6)
Pent ___ min
Patrón ___

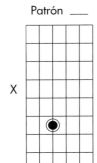

7)
Pent ___ min
Patrón ___

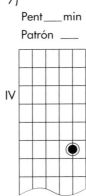

8)
Pent ___ min
Patrón ___

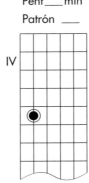

9)
Pent ___ min
Patrón ___

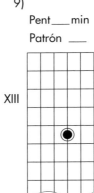

10)
Pent ___ min
Patrón ___

Ejercicio N.° 22

Vuelve a los dos ejercicios previos (20 y 21) y coloca en cada patrón su menor relativa y su mayor relativa. Dibuja un cuadrado alrededor de las fundamentales de la relativa.

Toca los diagramas de los ejercicios previos. Para el Ejercicio N.° 20, toca la pentatónica mayor y luego su menor relativa. Para el Ejercicio N.° 21, toca la pentatónica menor y luego su mayor relativa. Di en voz alta el nombre de cada escala y su número de patrón.

INTERVALOS MAYORES Y JUSTOS

10

Objetivo: Reconocer los intervalos mayores y justos hasta una octava.

Un **intervalo** es la distancia musical entre dos notas. Los intervalos pueden medirse de la nota más grave a la más aguda (ascendente) o bien, de la nota más aguda a la más grave (descendente). En cualquiera de los casos, el nombre de los intervalos es el mismo.

Los intervalos se describen como si la nota más grave fuera la fundamental de una escala mayor. Para reconocer o encontrar un intervalo, usa la fórmula de la escala mayor (¡otra vez!) para contar la distancia de una nota a la otra.

En este ejemplo, encontramos un intervalo de *quinta ascendente* de B♭ si se cuentan los cinco pasos hasta la escala mayor de B♭:

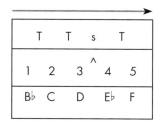

Aquí encontramos el intervalo de *sexta descendente* de C si se cuenta hacia atrás; una vez más con el uso de la fórmula de la escala mayor. Llama C al grado 6 de la escala y cuenta hacia atrás. Recuerda poner un semitono entre el cuarto y el quinto grado.

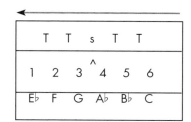

Los nombres de los intervalos tienen dos partes: **cantidad** y **calidad**. La cantidad es el número de sonidos de la escala en el intervalo (1, 2, 3, 4, 5, etc.). La calidad determina el tamaño exacto del intervalo y está representada por un nombre: mayor, menor, justo, disminuido y aumentado.

Los intervalos basados en los grados 2,3,6 y 7 de la escala mayor reciben la designación **mayor** en calidad:

Segunda mayor   Tercera mayor   Sexta mayor   Séptima mayor

Los intervalos basados en los grados 1, 4, 5 y 8 de la escala reciben la designación **justo(a)** en calidad:

Unísono justo   Cuarta justa   Quinta justa   Octava justa

Primero, deberías apoyarte en el método de conteo de la escala mayor para identificar los intervalos. Finalmente, serás capaz de identificar inmediatamente cualquier intervalo por la forma de su diapasón.

Unísono justo

El unísono es la misma nota tocada dos veces.

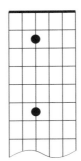 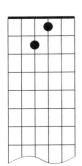

Segunda mayor

El intervalo de segunda mayor equivale a un tono.

  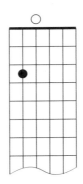 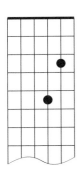 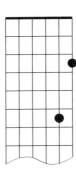

Tercera mayor

El intervalo de tercera mayor es el equivalente a dos tonos. Es un intervalo importante para formar acordes y definir la calidad de estos.

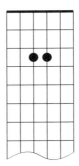 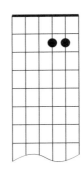

Cuarta justa

La guitarra se afina en cuartas justas. Cada cuerda es una cuarta más aguda que la que tiene debajo, excepto por la 2.° cuerda, B, que se afina con una tercera mayor más aguda que la 3.° cuerda, G.

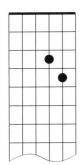 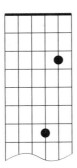 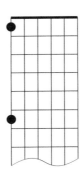

Quinta justa

Para el intervalo de quinta justa y cualquiera que sea mayor, necesitamos conocer cómo saltear una cuerda. Al introducir el cambio de cuerda, cruzamos la 2.° cuerda más a menudo, así que hay más formas para aprender.

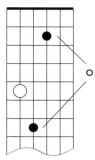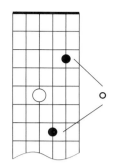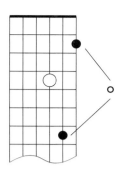

Sexta mayor

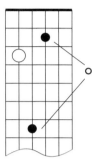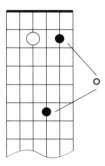

Séptima mayor

La séptima mayor es la más fácil de identificar, ya que es un traste más pequeña que la octava.

Octava justa

¡Las octavas son las mismas que las cinco formas de fundamentales que ya has aprendido! Si todavía no las sabes, vuelve y revisa el material.

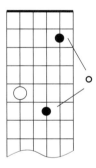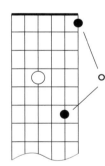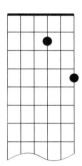

Ejercicio N.° 23

Describe los intervalos de octava mayor y justa en cada una de las formas en las que pueden aparecer en el diapasón. Aquí se muestra una descripción de un unísono justo:

El unísono está a una distancia descendente de cinco trastes del diapasón en las cuerdas adyacentes. El unísono de la tercera a la segunda cuerda está a una distancia descendente de cuatro trastes del diapasón.

Ejercicio N.° 24

Identifica los siguientes intervalos usando el método de conteo de la escala mayor. Abrevia la mayor como MA y la justa como P.

1) MA6
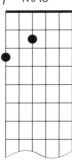

2)
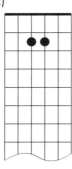

3)

4)
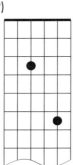

5)

6)
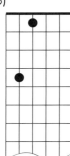

7)
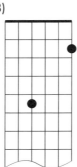

8)
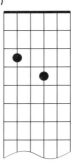

9)
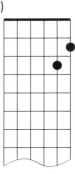

10)

Ejercicio N.° 25

Dibuja todas las formas posibles en las que se pueden tocar los intervalos especificados a partir de la nota de inicio. (Observa que, cuando hay más de una forma de tocar un intervalo, ¡las alternativas tienen formas unísonas!).

1) P5
ascendente
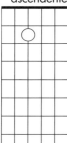

2) MA2
descendente
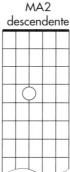

3) P8
ascendente
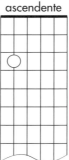

4) MA3
descendente
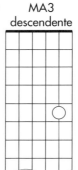

5) MA6
ascendente

6) P4
descendente
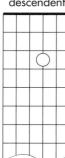

7) MA7
ascendente
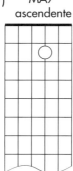

8) P5
descendente
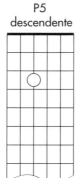

9) MA2
ascendente
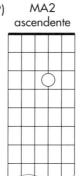

10) MA3
descendente
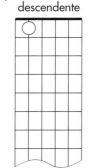

Toca los intervalos del ejercicio previo. Di el nombre de cada intervalo en voz alta a medida que toques y describe cómo aparece en el diapasón.

INTERVALOS MENORES, DISMINUIDOS Y AUMENTADOS

Objetivo: Aplicar la disminución y el aumento de intervalos. Reconocer los intervalos menores, disminuidos y aumentados.

El **aumento** es el incremento del tamaño de un intervalo. Lo opuesto, **la disminución**, es la reducción del tamaño de un intervalo. Así como los intervalos cambian de tamaño, también lo hacen las marcas de calidad que les hemos dado:

Tabla de calidad de intervalos

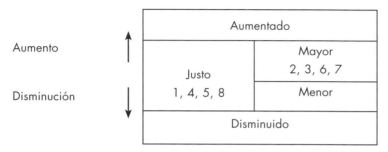

Como se muestra arriba, los intervalos justos (1, 4, 5, 8) se convierten en "aumentados" o "disminuidos" en calidad cuando un semitono los incrementa o los disminuye. Los intervalos mayores (2, 3, 6, 7) también se vuelven "aumentados" cuando incrementan su tamaño, o "menores" cuando lo disminuyen (y entonces son "disminuidos" si disminuyen nuevamente).

Un intervalo disminuido, incrementado por un semitono, se convierte en menor o justo dependiendo de qué cantidad de intervalo sea: mayor (2, 3, 6, 7) o justo (1, 4, 5, 8).

Un intervalo también puede aumentarse o disminuirse por un tono o más si se mueve la cantidad correspondiente en la tabla, e incluso puede pasarse al territorio de "doble aumentado" o "doble disminuido". Si continúas avanzando, terminarás en China.

Abreviaturas de calidad del intervalo

Aumentada	aug	+	A	♯	
Justo	P	♮	(sin símbolo)		
Mayor	MA	♮	(sin símbolo)		
Menor	mi	-	♭		
Disminuido	dim	o	D	♭	♭♭

Los intervalos se usan tan a menudo para describir acordes y escalas que prácticamente tienen su propio lenguaje. Cuando describes un intervalo, el sostenido (♯) se usa en lugar de "aug" y el bemol (♭) se usa con frecuencia en lugar de "mi" o "dim". Los intervalos mayores y justos están implícitos sin mención alguna de su calidad. Lo verás en deletreo de acordes y escalas. Por ejemplo, aquí presentamos una forma rápida de deletrear la escala menor natural: 1-2-♭3-4-5-♭6-♭7. Cuando describas intervalos, ubica el símbolo antes del número, no después.

Cuando un intervalo justo (1, 4, 5 u 8) se vuelve disminuido, a menudo está escrito con un bemol (♭). Cuando un intervalo mayor (2, 3, 6, 7) queda disminuido por dos semitonos, a menudo está escrito con dos bemoles (♭♭) en lugar de "dim" o "o".

Los intervalos de cuarta aumentada/quinta disminuida también se llaman **tritonos**, abreviados **TT**. Un tritono equivale a tres tonos.

Ejercicio N.° 26

Dibuja los intervalos indicados encima de las notas. Comienza por detectar el intervalo mayor o justo y realiza el aumento o la disminución necesarios. Cuando sea posible tocar el intervalo en más de una manera, dibújalas todas. Los primeros dos ya están hechos.

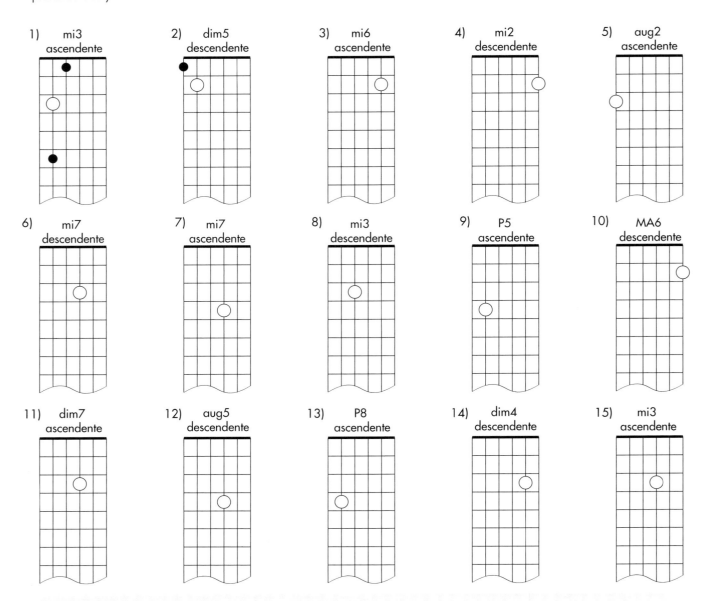

1) mi3 ascendente
2) dim5 descendente
3) mi6 ascendente
4) mi2 descendente
5) aug2 ascendente
6) mi7 descendente
7) mi7 ascendente
8) mi3 descendente
9) P5 ascendente
10) MA6 descendente
11) dim7 ascendente
12) aug5 descendente
13) P8 ascendente
14) dim4 descendente
15) mi3 ascendente

Toca los diagramas enteros anteriores. Di el nombre de cada intervalo en voz alta cuando los vayas tocando.

Ejercicio N.° 27

Cada intervalo posee múltiples nombres posibles; sin embargo, solamente un único nombre es correcto cuando los nombres de las notas se desconocen. Nombra correctamente los siguientes intervalos ascendentes. Los primeros dos ya están hechos. (Sugerencia: deletrea la escala mayor primero).

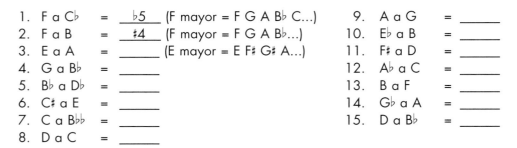

1. F a C♭ = ♭5 (F mayor = F G A B♭ C...)
2. F a B = ♯4 (F mayor = F G A B♭...)
3. E a A = _____ (E mayor = E F♯ G♯ A...)
4. G a B♭ = _____
5. B♭ a D♭ = _____
6. C♯ a E = _____
7. C a B♭♭ = _____
8. D a C = _____

9. A a G = _____
10. E♭ a B = _____
11. F♯ a D = _____
12. A♭ a C = _____
13. B a F = _____
14. G♭ a A = _____
15. D a B♭ = _____

INTERVALOS COMPUESTOS

Objetivo: Reconocer y construir intervalos compuestos.

Los **intervalos compuestos** son intervalos más grandes que una octava. Estos intervalos comparten la calidad de sus contrapartes en la octava inferior. A su vez, estos últimos pueden constituir los llamados **intervalos simples**.

Intervalos compuestos y sus homólogos intervalos simples

	Mayor		Justo
9.°	2.° más una octava		
10.°	3.° más una octava		
		11.°	4.° más una octava
		12.°	5.° más una octava
13.°	6.° más una octava		
14.°	7.° más una octava		
		15.°	Dos octavas

Como se describió en el Capítulo 11, a menudo usamos los símbolos de bemoles y sostenidas en lugar de "aug", "mi" y "dim" al escribir estos intervalos. "Ma" o "P" están implícitas por la falta de un símbolo.

Para crear intervalos compuestos, agrega una octava al intervalo simple de la forma que se muestra en la tabla anterior. Por ejemplo, una novena por encima de F es lo mismo que una segunda por encima de F más una octava.

9 = 2 + octava   ♭10 = ♭3 + octava   #11 = #4 + octava   ♭13 = ♭6 + octava   #9 = #2 + octava

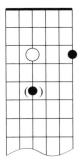 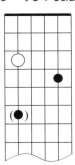 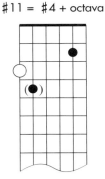 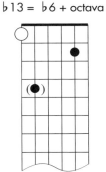 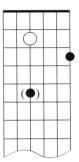

Ejercicio N.° 28

Crea los intervalos compuestos indicados encima de estas notas. Escribe el intervalo simple primero (entre paréntesis) y luego la octava.

11   9   13   ♭13   #11

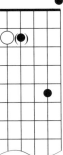 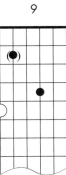 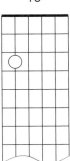 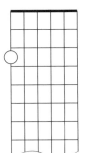 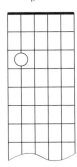

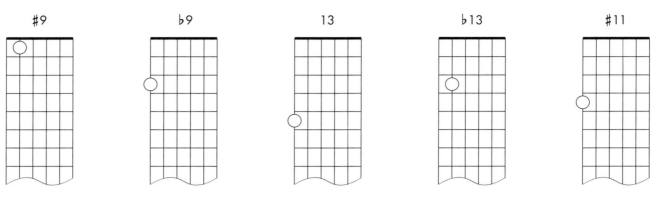

Ejercicio N.° 29

Nombra los siguientes intervalos compuestos.

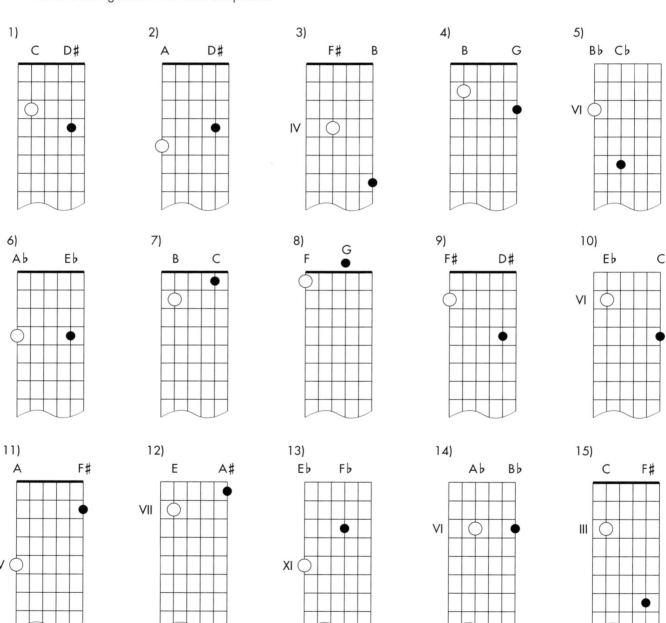

Toca los intervalos compuestos completos de este capítulo. Repite cada uno de ellos en voz alta antes de tocarlos. Describe la forma en que el intervalo aparece en el diapasón o identifica su relación con un intervalo simple que ya conozcas.

ARPEGIOS DE TRÍADA

Objetivo: Crear arpegios de tríada en el diapasón.

Un acorde se refiere a dos o más notas que suenan al mismo tiempo. Un **arpegio** se refiere a las notas de un acorde interpretadas en secuencia en lugar de en forma simultánea. Los arpegios son más fáciles de crear en el diapasón que los acordes. Por eso, los deletrearemos primero. En el próximo capítulo, crearemos las formas de acordes que usan las mismas notas.

El arpegio más básico (y el acorde) es la tríada. Una **tríada** consiste en tres notas: una nota fundamental, una tercera y una quinta. Estas notas se pueden repetir en diferentes octavas para proporcionar las formas completas de arpegios para los patrones del 1 al 5.

No intentes memorizar todas las formas en un solo día. Comienza por memorizar los deletreos que figuran en negrita repitiéndolos en voz alta. Luego dibuja las formas usando los intervalos del deletreo.

Mayor

La tríada mayor posee una nota fundamental y los intervalos de una tercera mayor y una quinta justa: **1, 3, 5**. Son iguales que los grados 1, 3 y 5 de la escala mayor. Repetimos estas tres notas (en diferentes octavas) para completar el patrón 2 de un arpegio de tríada mayor de C.

Arpegio mayor de C

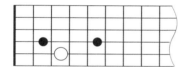

Arpegio mayor de C, patrón 2

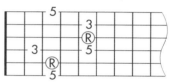

Ejercicio N.° 30

Dibuja los cinco patrones de arpegio de tríada mayor de D, usando solamente las notas de los cinco patrones de la escala mayor. No vayas más allá del marcador de posición; dibuja todas las notas que se pueden alcanzar sin cambiar la mano izquierda a más de un traste.

1) Arpegio de tríada mayor de D
   Patrón 1

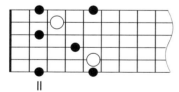

II

2) Arpegio de tríada mayor de D
   Patrón 2

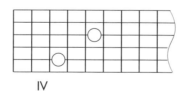

IV

3) Arpegio de tríada mayor de D
   Patrón 3

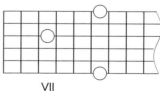

VII

4) Arpegio de tríada mayor de D
   Patrón 4

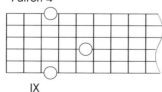

IX

5) Arpegio de tríada mayor de D
   Patrón 5

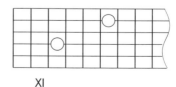

XI

Ahora **toca** las formas de arpegio mayor de D mencionadas anteriormente. Repite cada uno de los números del patrón en voz alta antes de tocarlos. Al igual que con los patrones de escala, toca cada forma de arpegio desde la nota fundamental inferior hasta la nota más alta; luego desciende a la nota más baja y regresa a la nota fundamental. Asegúrate de apreciar la exquisita calidad que distingue al arpegio.

Menor

La tríada menor posee una tercera menor y una quinta justa encima de la nota fundamental: **1, ♭3, 5**.

Ejercicio N.° 31

Dibuja cinco patrones de arpegios de tríada menor de D. No vayas más allá del marcador de posición; dibuja todas las notas que se pueden alcanzar sin cambiar la mano izquierda a más de un traste.

1) Arpegio de tríada menor de D
   Patrón 1

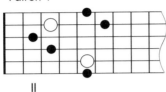

II

2) Arpegio de tríada menor de D
   Patrón 2

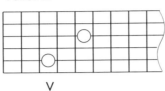

V

3) Arpegio de tríada menor de D
   Patrón 3

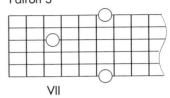

VII

4) Arpegio de tríada menor de D
   Patrón 4

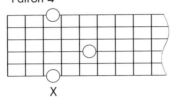

X

5) Arpegio de tríada menor de D
   Patrón 5

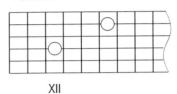

XII

Ahora **toca** cada una de las formas de arpegio menor de D mencionadas anteriormente. Repite en voz alta cada uno de los números del patrón antes de tocarlos y escucha el sonido menor que los distingue.

Disminuido

La tríada disminuida posee una tercera menor y una quinta disminuida: **1, ♭3, ♭5**. Ten en cuenta que la tríada disminuida contiene dos terceras menores consecutivas.

Ejercicio N.° 32

Dibuja arpegios de tríada disminuida de D para cada una de las cinco formas de la nota fundamental. No vayas más allá del marcador de posición; dibuja todas las notas que se pueden alcanzar sin cambiar la mano izquierda a más de un traste. Algunas formas posibles pueden saltearse una cuerda. Está bien.

1) Arpegio de tríada disminuida de D
   Patrón 1

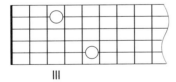

III

2) Arpegio de tríada disminuida de D
   Patrón 2

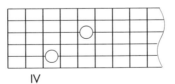

IV

3) Arpegio de tríada disminuida de D
   Patrón 3

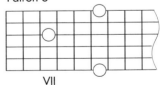

VII

4) Arpegio de tríada disminuida de D
   Patrón 4

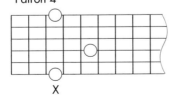

X

5) Arpegio de tríada disminuida de D
   Patrón 5

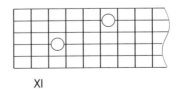

XI

Una vez más, **toca** cada una de las formas de arpegio disminuido de D mencionadas anteriormente. Repite en voz alta cada uno de los números del patrón antes de tocarlos y escucha el sonido disminuido que los distingue.

Aumentada

La tríada aumentada posee una tercera mayor y una quinta aumentada: **1, 3, #5**. Ten en cuenta que esta tríada consiste en dos terceras mayores consecutivas. También ten en cuenta que el intervalo entre la #5 y la próxima nota fundamental, una cuarta disminuida, es equivalente a una tercera mayor. Esto acarrea una construcción **simétrica**, lo que deviene en patrones repetidos en el diapasón, de manera que cualquier nota puede considerarse una nota fundamental.

Ejercicio N.° 33

Dibuja arpegios de tríada aumentada de D para cada una de las cinco formas de la nota fundamental. (No marques con un círculo cada nota). Al crear arpegios aumentados, también puedes encontrar dos lugares posibles dentro de un patrón para tocar algunas de las notas. Ambas maneras son correctas.

1) Arpegio de tríada aumentada de D
   Patrón 1

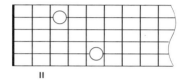

II

2) Arpegio de tríada aumentada de D
   Patrón 2

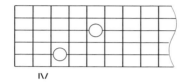

IV

3) Arpegio de tríada aumentada de D
   Patrón 3

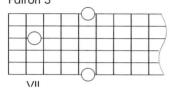

VII

4) Arpegio de tríada aumentada de D
   Patrón 4

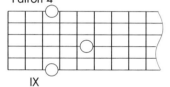

IX

5) Arpegio de tríada aumentada de D
   Patrón 5

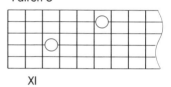

XI

Toca cada una de las formas de arpegio aumentado de D mencionadas anteriormente. Repite cada uno de los números del patrón en voz alta antes de tocarlos. Presta atención para oír la distintiva calidad del arpegio aumentado.

TRÍADAS

Objetivo: Crear tríadas de voz cerrada en el diapasón. Tocar todas las inversiones de las tríadas de voz cerrada.

Mientras que los arpegios se tocan una nota por vez, los **acordes** se rasguean o se puntean en forma simultánea. Es posible que un arpegio tenga dos notas en una cuerda; pero no así un acorde, porque una cuerda solamente puede producir una nota a la vez. Por esto trabajamos con los arpegios primero, y ahora con los acordes. Los acordes son un poco más difíciles.

Al detectar las notas de un arpegio en diferentes cuerdas, podemos rasguearlas o puntearlas juntas. Al hacer esto, se crea un acorde. La disposición particular de notas en un acorde se llama **sonorización**. Una sonorización completa para una tríada necesita solo tres notas; sin embargo, los guitarristas a menudo tocan las sonorizaciones de tríada duplicando algunas de las notas en diferentes octavas, de modo que puedan sacudirse cinco o seis cuerdas con un cese imprudente. La sonorización de los acordes de guitarra más fáciles se produce de esta manera: cejilla básica y acordes de "vaquero" de posición abierta En caso de que no lo sepas, estos acordes familiares son tríadas.

Sonorización de acordes de la cejilla de tríada mayor

Patrón 4   Patrón 2

Sonorización de acordes de tríada mayor de posición abierta ("acordes de vaquero")

C   A   G   E   D

Ahora crearemos patrones de seis cuerdas de **tríadas de voz cerrada** sucesivas que son bastante similares a las formas de arpegio que estudiamos, pero que se adaptan al requisito de tener una nota por cuerda. En una tríada de voz cerrada, la nota fundamental solamente puede estar seguida de la tercera, que, a su vez, solamente puede estar seguida de la quinta y, luego, por otra nota fundamental en la próxima octava, por la tercera nuevamente, y así sucesivamente.

1   3   5   1   3   5   1   ...

Al crear estos diagramas, veremos las tres formas básicas que se repiten para cubrir el diapasón completo: uno con base en cada nota de la tríada al comenzar desde la sexta cuerda. No esperes poder tocar las seis cuerdas completas de estas formas de una vez. Las dividiremos en cuatro formas pequeñas de tres cuerdas cuando las toquemos.

Tríada mayor

Una **tríada mayor** consiste en una nota fundamental, una tercera mayor y una quinta justa: **1, 3, 5.** Los símbolos de tríada mayor tienen la siguiente apariencia: A♭maj, A♭ma, A♭Ma, A♭.

Ejercicio N.° 34

Completa las siguientes tríadas mayores de voz cerrada. Marca con un círculo las notas fundamentales y etiqueta cada número del patrón. Cuando una de estas formas de tríada de seis cuerdas se cruce entre dos patrones, etiqueta ambos.

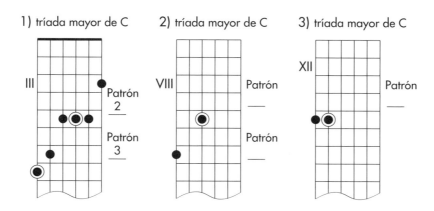

Tríada menor

Una **tríada menor** posee una nota fundamental, una tercera menor y una quinta justa: **1, ♭3, 5.** Los símbolos de tríada menor tienen la siguiente apariencia: A♭min, A♭mi, A♭Mi, A♭-, A♭m.

Ejercicio N.° 35

Completa las siguientes tríadas menores de C de voz cerrada. Todas las notas fundamentales están marcadas con un círculo. Etiqueta cada número del patrón.

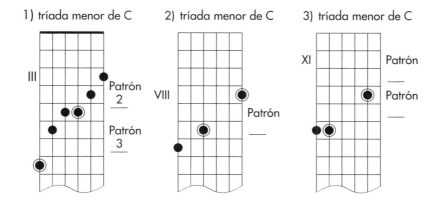

Tríada disminuida

Una tríada disminuida consiste en una nota fundamental, una tercera menor y una quinta disminuida: **1,** ♭**3,** ♭**5.** Las tríadas disminuidas se escriben con la palabra "dim" o con un pequeño círculo: A♭dim, A♭°.

Ejercicio N.° 36

Completa las siguientes tríadas disminuidas de C de voz cerrada. Todas las notas fundamentales están marcadas con un círculo. Etiqueta cada número del patrón.

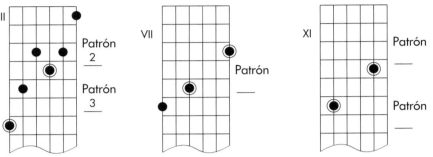

Tríada aumentada

Una tríada aumentada consiste en una nota fundamental, una tercera mayor y una quinta aumentada: **1, 3,** ♯**5.** La tríada aumentada posee las mismas propiedades simétricas que el arpegio. Los símbolos de las tríadas aumentadas usan la palabra "aug" o un signo más: A♭aug, A♭+.

Ejercicio N.° 37

Dibuja las tríadas aumentadas de C de voz cerrada en las fundamentales que se muestran a continuación. En realidad, son todas fundamentales posibles y son todos patrones 1, 3 o 5 que atraviesan los patrones 2 o 4.

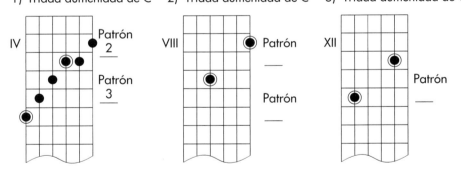

Inversiones

Cuando su *nota fundamental* es la menor nota interpretada, se dice que un acorde está en la **posición de fundamental**.

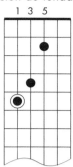

Tríada mayor de D de
la posición de fundamental

Cuando su *tercera* es la menor nota interpretada, el acorde está en la **primera inversión**.

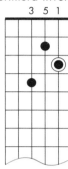

Tríada mayor de D de
la primera inversión

Cuando su *quinta* es la menor nota interpretada, el acorde está en la **segunda inversión.**

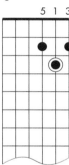

Tríada mayor de D de
la segunda inversión

Práctica

Regresa a los ejercicios de este capítulo y tócalos en inversiones de tres notas, como las que se mostraron anteriormente. Para cada forma, tocarás cuatro sonorizaciones, comenzando en la sexta, quinta, cuarta y tercera cuerda, respectivamente. Nombra en voz alta cada acorde, número de patrón, inversión y cuál es la nota menor (bajo) a medida que vayas tocando.

"Tonalidad mayor de C, patrón 3, posición de fundamental, nota fundamental en el bajo...
Tonalidad mayor de C, patrón 3, primera inversión, tercera en el bajo...
Tonalidad mayor de C, patrones 3 y 2, segunda inversión, quinta en el bajo...
Tonalidad mayor de C, patrón 2, posición de fundamental, nota fundamental en el bajo"

ARPEGIOS DE SÉPTIMA

Objetivo: Crear arpegios de séptima en el diapasón.

Los acordes de séptima son el próximo sonido luego de las tríadas. Poseen cuatro notas. Una vez más, trabajaremos con arpegios antes de explorar los acordes de séptima. La construcción interválica básica es la misma.

Séptima mayor

Una tríada mayor a la que se le ha agregado una séptima mayor recibe el nombre de acorde de una *séptima mayor*. Las notas son **1, 3, 5,** y **7**. Aquí hay algunos símbolos aceptables para los acordes de séptima mayor: Cmaj7, Cma7, C$^{\Delta7}$.

Ejercicio N.° 38

Dibuja las cinco formas completas de las seis cuerdas para los arpegios de séptima mayor de F. Para ello, agrega la séptima mayor a los arpegios de tríada mayor de F. Marca con un círculo las notas fundamentales.

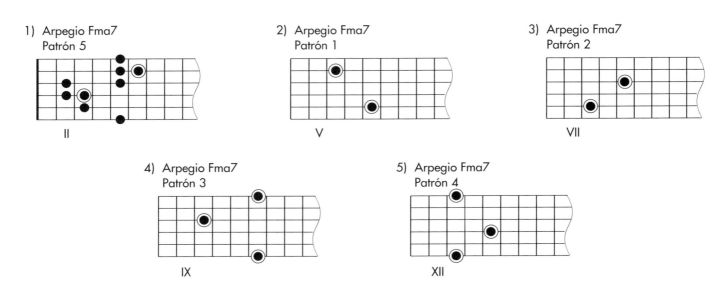

1) Arpegio Fma7
   Patrón 5

II

2) Arpegio Fma7
   Patrón 1

V

3) Arpegio Fma7
   Patrón 2

VII

4) Arpegio Fma7
   Patrón 3

IX

5) Arpegio Fma7
   Patrón 4

XII

Toca cada uno de los patrones enteros del arpegio de séptima mayor F anteriores. Repite cada uno de los números del patrón en voz alta antes de tocar. Escucha el sonido distintivo de la séptima mayor.

Séptima menor

Cuando a una tríada menor se le ha agregado una séptima menor, el resultado recibe el nombre de acorde de *séptima menor*. Las notas son **1,** ♭**3, 5,** y ♭**7.** Estos son símbolos correctos para los acordes de séptima menor: Cmin7, Cmi7, C-7.

Ejercicio N.° 39

Dibuja las formas completas de las seis cuerdas para los arpegios de séptima menor de F. Para ello, agrega la séptima menor a los arpegios de tríada menor de F. Marca con un círculo las notas fundamentales.

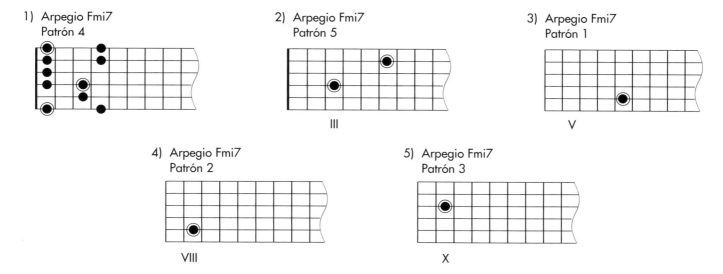

1) Arpegio Fmi7
   Patrón 4

2) Arpegio Fmi7
   Patrón 5

   III

3) Arpegio Fmi7
   Patrón 1

   V

4) Arpegio Fmi7
   Patrón 2

   VIII

5) Arpegio Fmi7
   Patrón 3

   X

Toca cada una de las formas completas del arpegio de séptima menor de F anteriores. Repite cada uno de los números del patrón en voz alta antes de tocarlos. Escucha el sonido distintivo de la séptima menor.

Séptima dominante

Cuando a una tríada mayor se le ha agregado una séptima menor, el resultado recibe el nombre de acorde de *séptima dominante*. Los notas de una séptima dominante son **1, 3, 5,** y ♭**7**. El símbolo correcto para esta sonoridad tan importante es simplemente la letra del acorde seguida del número 7. La calidad dominante está *implícita* por la falta total y absoluta de cualquier otro símbolo: C7, C⁷.

Ejercicio N.° 40

Dibuja las formas completas de las seis cuerdas para los arpegios de séptima dominante F. Para ello, agrega la séptima menor a los arpegios de tríada mayor de F. Marca con un círculo las notas fundamentales.

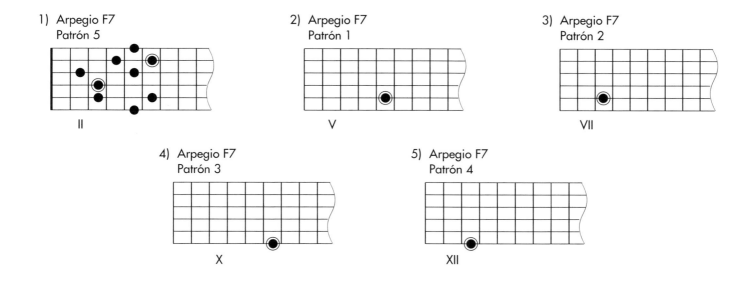

1) Arpegio F7
   Patrón 5

   II

2) Arpegio F7
   Patrón 1

   V

3) Arpegio F7
   Patrón 2

   VII

4) Arpegio F7
   Patrón 3

   X

5) Arpegio F7
   Patrón 4

   XII

Toca cada una de las formas de arpegio de séptima dominante de F anteriores. Repite cada uno de los números del patrón en voz alta antes de tocarlos. Escucha el sonido distintivo de la séptima dominante.

Séptima menor (cinco bemoles)

Cuando a una tríada mayor se le ha agregado una séptima menor, el resultado es un acorde de *séptima menor (cinco bemoles)*. Otro nombre popular para este acorde es *séptima sub disminuida*. Las notas son **1, ♭3, ♭5,** y **♭7**. Los símbolos del acorde de séptima menor (cinco bemoles) se pueden deletrear de la siguiente manera: B♭mi7(♭5), B♭m7♭5, B♭−7♭5, B♭°7.

Ejercicio N.° 41

Dibuja las formas completas de las seis cuerdas para los arpegios de séptima menor F (cinco bemoles). Para ello, agrega la séptima menor a los arpegios de tríada disminuida de F. Marca con un círculo las notas fundamentales. Etiqueta con el nombre completo y el número de patrón.

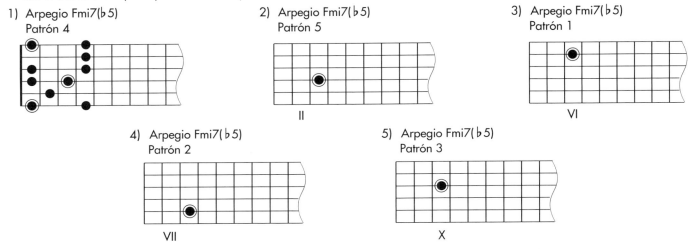

1) Arpegio Fmi7(♭5)
   Patrón 4

2) Arpegio Fmi7(♭5)
   Patrón 5

   II

3) Arpegio Fmi7(♭5)
   Patrón 1

   VI

4) Arpegio Fmi7(♭5)
   Patrón 2

   VII

5) Arpegio Fmi7(♭5)
   Patrón 3

   X

Toca cada uno de las formas de los arpegios de séptima menor de F (cinco bemoles) anteriores. Repite cada uno de los números del patrón en voz alta antes de tocarlos. Escucha el sonido distintivo de la séptima menor (cinco bemoles).

Séptima disminuida

Cuando una tríada disminuida posee una séptima disminuida que se le ha agregado, al resultado se le llama acorde de *séptima disminuida*. Las notas son **1, ♭3, ♭5** y **♭♭7**. El arpegio de séptima disminuida es una construcción simétrica, que repite las formas del diapasón con todas las notas separadas por terceras menores. Los deletreos comunes son: Cdim7, C°7.

Ejercicio N.° 42

Dibuja las formas completas de las seis cuerdas para los arpegios de séptima disminuida F. Para esto, agrega la séptima disminuida a los arpegios de tríada disminuida F. Marca con un círculo las notas fundamentales. Etiqueta con el nombre completo y el número de patrón.

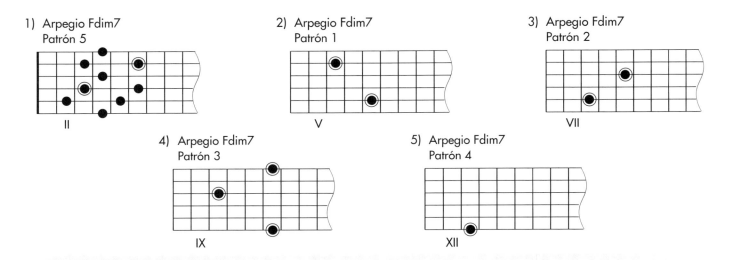

1) Arpegio Fdim7
   Patrón 5

   II

2) Arpegio Fdim7
   Patrón 1

   V

3) Arpegio Fdim7
   Patrón 2

   VII

4) Arpegio Fdim7
   Patrón 3

   IX

5) Arpegio Fdim7
   Patrón 4

   XII

Toca cada uno de las formas de los arpegios de séptima disminuida F anteriores. Repite cada uno de los números del patrón en voz alta antes de tocarlos. Escucha el sonido distintivo de la séptima disminuida.

ACORDES DE SÉPTIMA

Objetivo: Crear sonorizaciones en stock del acorde de séptima.

Hasta ahora, hemos aprendido los acordes en las sonorizaciones cerradas. No obstante, las tríadas y los acordes de séptima a menudo suenan mejor y son más fáciles de tocar en las **sonorizaciones abiertas**.

De hecho, los acordes de séptima a menudo son físicamente intocables en las sonorizaciones cerradas de la guitarra. Los dedos no siempre pueden alcanzar todas las notas. Por ejemplo, mira este acorde Amaj7 de voz cerrada.

El acorde se extiende demasiados trastes para que sea práctico para todos los intérpretes, menos para los más avanzados. También posee demasiadas notas graves juntas, lo que produce un sonido oscuro o poco claro.

Para encontrar sonorizaciones más útiles para cualquier acorde, *eleva o disminuye una o más notas a una octava*. Al hacer esto, se crea una sonorización abierta. Intentémoslo. Las notas del acorde de séptima mayor de A de voz cerrada son 1–3–5–7. Si elevamos su tercera a una octava, obtenemos una décima: 1–5–7–10. El acorde ahora es de voz abierta porque las notas ya no están lo más cerca posible en el sonido. En el diapasón, podemos tocar el acorde Amaj7 con un intervalo de la quinta, que nos traslada al patrón 4.

Debido a que la décima y la tercera crean la misma calidad de acorde, llamaremos a esta sonorización 1–5–7–**3** para lograr un fácil reconocimiento de los sonidos de acordes. Nos referiremos a todas las notas por sus cantidades originales incluso si las movemos a una octava.

El intervalo de la quinta en las dos cuerdas inferiores logra incluso que este acorde sea un poco oscuro en sonido. Si elevamos el grado de la quinta una octava, obtenemos 1–7–10–12. A esto le llamamos **1–7–3–5**.

Rasgar esta sonorización hace necesario que el primer dedo de la mano del traste realice dos tareas: 1) mantener la nota fundamental en la sexta cuerda *y* 2) amortiguar la quinta cuerda. Si punteas el acorde con los dedos en lugar de rasguearlo, no puntees la quinta cuerda.

1–7–3–5 es una **sonorización en stock** para el patrón 4 ma7, mi7, dom7, mi7 (♭5) y los acordes dim7. Hay muchas sonorizaciones posibles para estos acordes, pero las sonorizaciones en stock son las únicas que puedes captar más rápidamente. Cuando practiques, enfatiza las sonorizaciones en stock en los patrones del 2 al 4 primero (son los más fáciles), con las notas fundamentales en la sexta y quinta cuerda, de manera que puedas terminar la tabla de acordes de una canción. Luego aprende los otros cuando puedas, porque crean sonidos atractivos y movimientos de acordes más suaves. El objetivo es contar con una sonorización en stock lista para tocar para cada tipo de acorde de los cinco patrones.

Tabla de sonorizaciones en stock de acordes de séptima

Patrón	Sonorización en stock	Nota fundamental en:
4	1–7–3–5	6.° cuerda
2	1–5–7–3	5.° cuerda
5	1–5–7–3	4.° cuerda
3	5–1–3–7	3.° cuerda
1	3–7–1–5	2.° cuerda

Ama7
1 3 5 7

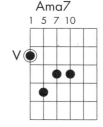

Ama7
1 5 7 10

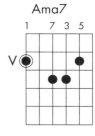

Ama7
1 7 3 5

Ejercicio N.° 43

Diagrama las sonorizaciones en stock 1–7–3–5 de los acordes de séptima en el patrón 4.

1)   Ama7
1   7 3 5
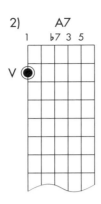

2)   A7
1   ♭7 3 5

3)   Ami7
1   ♭7 ♭3 5
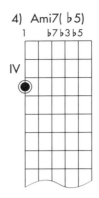

4)   Ami7(♭5)
1   ♭7♭3♭5
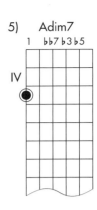

5)   Adim7
1   ♭♭7 ♭3 ♭5
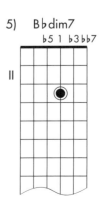

Ejercicio N.° 44

Diagrama las sonorizaciones en stock 1–5–7–3 de los acordes de séptima en el patrón 2 y 5.

1)   Cma7
1 5 7 3
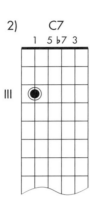

2)   C7
1 5 ♭7 3
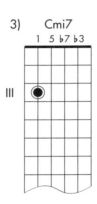

3)   Cmi7
1 5 ♭7 ♭3
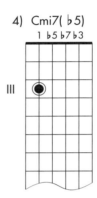

4)   Cmi7(♭5)
1 ♭5 ♭7 ♭3
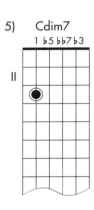

5)   Cdim7
1 ♭5 ♭♭7 ♭3

6)   Fma7
1 5 7 3
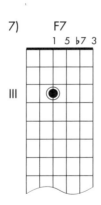

7)   F7
1 5 ♭7 3
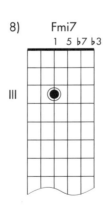

8)   Fmi7
1 5 ♭7 ♭3
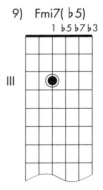

9)   Fmi7(♭5)
1 ♭5 ♭7 ♭3
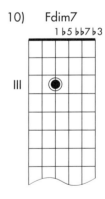

10)   Fdim7
1 ♭5 ♭♭7 ♭3
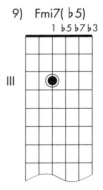

Ejercicio N.° 45

Diagrama las sonorizaciones en stock 5-1-3-7 para los acordes de séptima en el patrón 3.

1)   B♭ma7
5 1 3 7
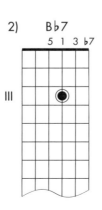

2)   B♭7
5 1 3 ♭7
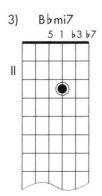

3)   B♭mi7
5 1 ♭3 ♭7
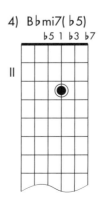

4)   B♭mi7(♭5)
♭5 1 ♭3 ♭7
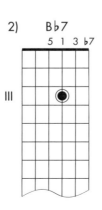

5)   B♭dim7
♭5 1 ♭3♭♭7
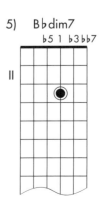

Ejercicio N.° 46

Diagrama las sonorizaciones en stock 3-7-1-5 para los acordes de séptima en el patrón 1.

1) Dma7
3 7 1 5
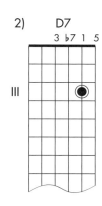

2) D7
3 ♭7 1 5
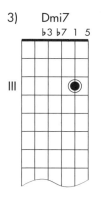

3) Dmi7
♭3 ♭7 1 5
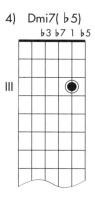

4) Dmi7(♭5)
♭3 ♭7 1 ♭5
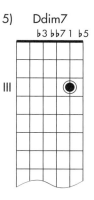

5) Ddim7
♭3 ♭♭7 1 ♭5
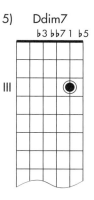

Algunas sonorizaciones más en stock para el patrón 1 **omiten la quinta** e incluyen una octava. Esto funciona bien para todos los tipos de acordes básicos excepto mi7(♭5) o dim7, cuando ♭5 es necesario para establecer la calidad del acorde. Un ejemplo es la sonorización 1–3–7–1.

Ejercicio N.° 47

Diagrama las sonorizaciones en stock 1–3–7–1 para los acordes de séptima en el patrón 1. Marca con un círculo las fundamentales.

1) Dma7
1 3 7 1
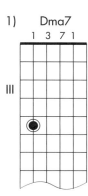

2) D7
1 3 ♭7 1
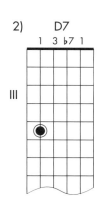

3) Dmi7
1 ♭3 ♭7 1

Práctica

Asegúrate de tocar todas las sonorizaciones en stock de este capítulo. Nuevamente, concéntrate en las sonorizaciones de los patrones 4 y 2 primero.

Luego intenta lo siguiente: Elige un tipo de acorde (por ejemplo, ma7) y una fundamental (por ejemplo, C) y toca todas las sonorizaciones en stock para cada acorde a lo largo de cada patrón, en forma ascendente a lo largo del cuello. A medida que vayas tocando, di en voz alta el nombre del acorde, el nombre del patrón y la sonorización en stock, de esta forma:

"séptima mayor C, patrón 1, 1–3–7–1...
séptima mayor C, patrón 1, 3–7-1–5...
séptima mayor C, patrón 2, 1–7–3-3...
séptima mayor C, patrón 3, 5-1-3-7...
séptima mayor C, patrón 4, 1-7-3-5...
séptima mayor C, patrón 5, 1–5–7–3"

Elige otro tipo de acorde (o fundamental) y repite este ejercicio.

EXTENSIONES

Objetivo: Aprende las reglas de la construcción de acordes y arpegios extendidos; aplica tal regla en el diapasón.

Los acordes extendidos son los acordes de séptima con intervalos agregados, novenas, undécimas o decimoterceras. Estos son "extensiones". En algunas partes del mundo, estas notas agregadas se llaman "notas de tensión". Es posible que los acordes extendidos puedan especificarse en una pieza musical extendida, o que se sustituyan para los acordes de séptima cuando el intérprete lo considere adecuado.

Solo usaremos la palabra "acorde" aquí, pero las siguientes reglas se aplican a los acordes y arpegios:

- Cuando se extiende un acorde de séptima, la calidad básica del acorde no cambia.
- Extiende cualquier acorde ma7, dom7, mi7 o mi7(♭5). Para esto, agrega 9, 11 o 13 al nombre. Los acordes de séptima disminuida a menudo no se extienden.
- Las extensiones son siempre mayores o justas, a menos que se estipule lo contrario en el nombre del acorde.
- Se incluyen todas las extensiones hasta y que incluyan lo que se estipula en el nombre del acorde, aunque a veces es imposible porque excede el límite de la nota seis de la guitarra, o es intocable por los cuatro dedos y el pulgar. En la práctica, la extensión que aparece en el nombre debe agregarse al acorde de séptima. Las extensiones menores son opcionales. (Por ejemplo, en un acorde ma13, la novena y la undécima no deben tocarse).

Esta tabla muestra las extensiones teóricas para los acordes de séptima. Ten en cuenta que dije *teóricas*. No te detengas aquí, porque es simplemente un paso en el camino a lo verdaderamente importante...

Tabla de extensiones

Tonos de los acordes	Nombre del acorde extendido	Extensiones resultantes
7 mayor 1, 3, 5, 7	ma9 ma11 ma13	9 9,11 9,11,13
7 menor 1, ♭3, 5, ♭7	mi9 mi11 mi13	9 9,11 9,11,13
7 dominante 1, 3, 5, ♭7	9 11 13	9 9,11 9,11,13
7 menor(♭5) 1, ♭3, ♭5, ♭7	mi9(♭5) mi11(♭5) mi13(♭5)	9 9,11 9,11,13

Esas malditas undécimas

El intervalo de la undécima es equivalente a la cuarta justa. Cuando se toca en un acorde que contiene una tercera mayor, la cuarta y la tercera pueden chocar. Esto significa que los acordes mayores y dominantes necesitan una consideración especial cuando se extienden por encima o cuando superan a la undécima. El choque no es un problema en un arpegio, porque las notas no son simultáneas, pero es un problema real cuando se toca un acorde. Hay unas pocas prácticas comunes diseñadas para resolver este problema.

A menudo, la **undécima se aumenta** al extender un acorde mayor o dominante. Esto evita el choque de la undécima con la tercera mayor. El símbolo (♯11) debe escribirse en los nombres de cada acorde cuando se usa esta nota:

Cma7(♯11)	→ 1, 3, 5, 7, ♯11	C7(♯11)	→ 1, 3, 5, ♭7, ♯11
Cma9(♯11)	→ 1, 3, 5, 7, 9, ♯11	C9(♯11)	→ 1, 3, 5, %7, 9, ♯11
Cma13(♯11)	→ 1, 3, 5, 7, 9, ♯11, 13	C13(♯11)	→ 1, 3, 5, %7, 9, ♯11, 13

Otras opciones para evitar el "choque 3–11":

1) **Omite la undécima** cuando se construye un acorde decimotercero mayor o un acorde decimotercero dominante.

Cma13 → 1, 3, 5, 7, 9, 13
C13 → 1, 3, 5, ♭7, 9, 13

2) **Omite la tercera**, especialmente en acordes dominantes extendidos.

C11 → 1, 5, %7, 9, 11
C13 → 1, 5, %7, 9, 11, 13

Ejercicio N.° 48

Construye los **arpegios extendidos**. Incluye una nota por vez. Nombra a los números de los patrones.

1) Gma9
Patrón ____
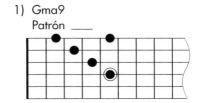
II

2) Dmi9
Patrón ____
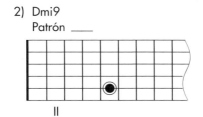
II

3) A9
Patrón ____
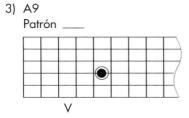
V

4) Emi9(♭5)
Patrón ____
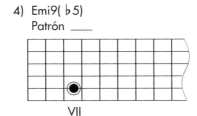
VII

5) Bma9(♯11)
Patrón ____
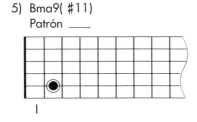
I

6) F♯mi11
Patrón ____
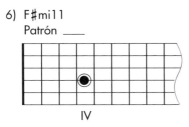
IV

7) D♭9
Patrón ____
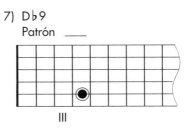
III

8) A♭9(♯11)
Patrón ____
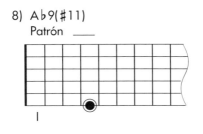
I

9) E♭mi13
Patrón ____
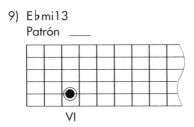
VI

10) B♭13
Patrón ____

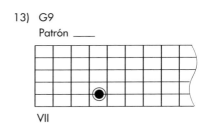

V

11) Fmi11(♭5)
Patrón ____

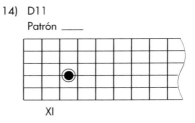

XI

12) Cma13(♯11)
Patrón ____

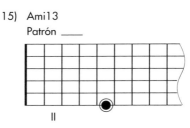

II

13) G9
Patrón ____

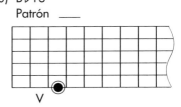

VII

14) D11
Patrón ____

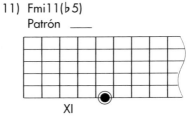

XI

15) Ami13
Patrón ____

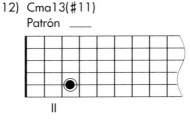

II

Toca cada uno de los arpegios enteros anteriores, diciendo en voz alta el nombre del acorde, el número del patrón y la sonorización.

"novena G mayor, patrón 4...1–3–5–7–9
novena D menor, patrón...(etc.)"

Cuando creamos los acordes extendidos, usamos la misma técnica para adaptar los acordes de séptima al diapasón de la guitarra: eleva o reduce las notas en una octava para crear sonorizaciones que poseen una nota por cuerda. Usualmente es mejor mantener las extensiones en la parte superior del acorde.

Como se dijo antes, está bien, incluso se prefiere, omitir algunas notas al construir un acorde extendido en el diapasón. La elección depende del estilo de música, y de qué notas están tocando el bajo u otros instrumentos. Intenta omitir la quinta o la fundamental, en ese orden. Ve cómo suena.

Ejercicio N.° 49

Diagrama **los acordes extendidos** usando las sonorizaciones indicadas.

1) C9
1 3 ♭7 9

II

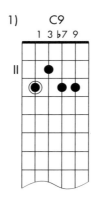

2) G♭ma13
1   7 3 13

II

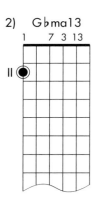

3) B♭13
1 ♭7 3 13

VI

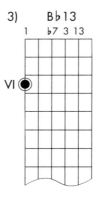

4) Dma9
1 3 7 9

IV

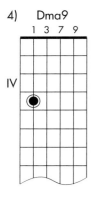

5) F♯7(♯11)
1   ♭7 3 ♯11

I

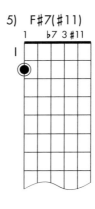

6) D♭13
1 3 ♭7 9 13

III

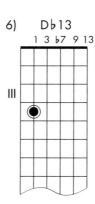

7) A13(♯11)
♭7 9♯11 13

II

( )

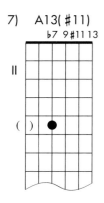

8) E13
♭7 3 13 9

V

( )

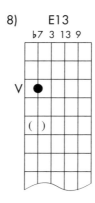

9) G13
♭7 3 13 1

III

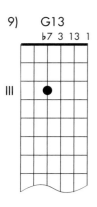

10) F9(♯11)
1 3 ♭7 9 ♯11

VII

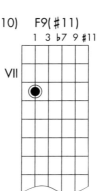

Toca cada uno de los acordes extendidos en la página anterior, diciendo en voz alta el nombre del acorde, el número del patrón y la sonorización.

> *"novena C, patrón 1, 1–3–%7–9...*
> *decimotercera mayor G, patrón 4, 1–7–3–13...(etc.)"*

Ejercicio N.° 50

Escribe el nombre correcto, el número del patrón y la sonorización para estos acordes extendidos.

1) Acorde Cma9
   Patrón   2

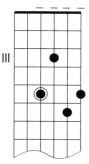

2) Acorde _____
   Patrón _____

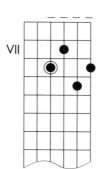

3) Acorde _____
   Patrón _____

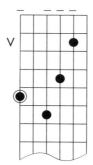

4) Acorde _____
   Patrón _____

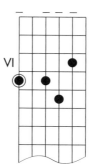

5) Acorde _____
   Patrón _____

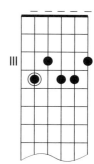

6) Acorde _____
   Patrón _____

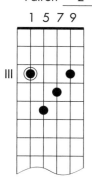

7) Acorde _____
   Patrón _____

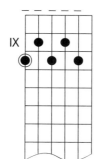

8) Acorde _____
   Patrón _____

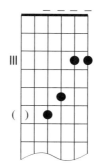

9) Acorde _____
   Patrón _____

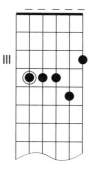

10) Acorde _____
    Patrón _____

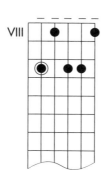

Toca cada una de las sonorizaciones de acordes extendidos anteriores, diciendo en voz alta el nombre del acorde, el número del patrón, la sonorización y los nombres de las notas.

> *"novena mayor C, patrón 2, 1–5–7–9, C–G–B–D... (etc.)"*

ALTERACIONES

Objetivo: Crear acordes alterados en el diapasón.

Una **alteración** es cuando el sonido o la extensión de un acorde se aumenta o disminuye. Las alteraciones a menudo aparecen en los acordes dominantes, y en algunos de los principales acordes. Las reglas de alteración de los acordes también se aplican a los arpegios alterados.

Las alteraciones posibles son ♭**5, ♯5, ♭9, ♯9, ♯11** y ♭**13**. En general, estas alteraciones se escriben entre paréntesis para evitar la confusión acerca de la fundamental del acorde. Por ejemplo:

B(♭5) = tríada mayor B con ♭5 = 1–3–♭5 (B–D♯–F)

B♭5 = B♭ acorde de poder (fundamental y quinta solamente) = 1–5 (B♭–F)

Reglas de la construcción de acordes alterados

- La presencia de ♭5 o ♯5 en un acorde significa que la quinta natural no se incluye.
- La presencia de ♭9 o ♯9 significa que la novena natural no se incluye.
- A ♯11 o ♭13 en un acorde implica que cualquier quinta o novena es *natural* a menos que se especifique lo contrario.
- Cuando el nombre de un acorde posee la palabra "alt" en este, el acorde es *siempre dominante,* con las quintas o las novenas alteradas. Qué quinta y novena alteradas usar queda a elección del intérprete, pero no se permiten quintas o novenas naturales en un acorde con la palabra **alt**.

C_alt	Puede contener	NO puede contener
	♭5, ♯5, ♭9, ♯9	♮5, ♮9

Ejercicio N.° 51

Construye los acordes alterados usando las sonorizaciones indicadas. Etiqueta los acordes.

1) A♭7(♭9)
1 ♭7 3 5 ♭9
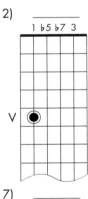

2) _____
1 ♭5 ♭7 3
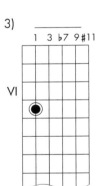

3) _____
1 3 ♭7 9 ♯11
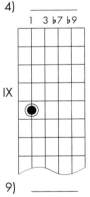

4) _____
1 3 ♭7 ♭9
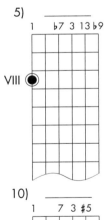

5) _____
1 ♭7 3 13 ♭9

6) _____
1 ♭7 9 ♯11
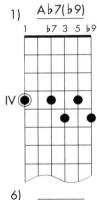

7) _____
1 3 ♭7 ♯9

8) _____
1 ♭7 3 ♯5

9) _____
1 ♭7 3 ♭5
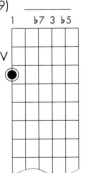

10) _____
1 7 3 ♯5

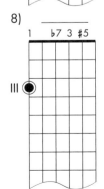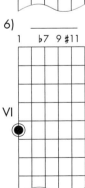

Toca los acordes enteros alterados anteriores, diciendo en voz alta el nombre del acorde, el número del patrón, la sonorización y los nombres de las notas.

"A♭7(♭9), patrón 4, 1–♭7–3–5–♭9, A♭–G♭–C–E♭–B♭♭…(etc.)"

MODOS

Objetivo: Memorizar el orden de los modos. Aprender a detectar el modo jónico.

Al estudiar la escala menor natural, descubriste que estaba relacionada con la escala mayor que ya habías aprendido. Para hacer una revisión, la relación es: *"El grado sexto de una escala mayor es la nota fundamental de su escala menor relativa".*

Es posible que hayas notado que al practicar la escala mayor o la escala menor natural es difícil oír qué nota es la nota fundamental, a menos que enfatices la nota que deseas que sea la nota fundamental de alguna manera, como por ejemplo, empezando y parando en esta siempre. Pero cuando se la toca sobre una progresión de acordes en una clave menor o mayor, es fácil oír qué nota es la fundamental.

Por ejemplo, toca estos dos acordes un par de veces para establecer C menor:

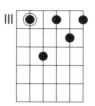

Cmi7

Abma7

Mientras que el sonido de esos acordes aún permanece en sus oídos, toca cualquier patrón de la escala menor natural C. Aquí está el patrón 2.

Ten en cuenta que mientras que la C menor es la menor relativa de Eb mayor y usa las mismas notas, la música que estás tocando no suena para nada como la Eb mayor.

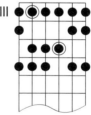

C natural menor
Patrón 2

A modo de comparación, toca ahora estos acordes un par de veces para establecer el sonido de la clave mayor:

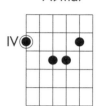

Ebma7

Bb7

Ahora toca la escala mayor Eb. Son las mismas notas que la escala menor C natural.

La nota que se percibe como fundamental de la escala depende principalmente del *contexto*: qué acordes de la escala se están tocando. Cualquier nota puede sonar como la fundamental de la escala tocándola con los acordes adecuados en el fondo.

Mayor Eb
Patrón 1

Este principio se aplica a *todas* las notas de la escala mayor, no simplemente al grado sexto. Cada grado de la escala mayor es la fundamental de un **modo**. Los modos comparten los patrones de digitación con los cinco patrones de la escala mayor. Usan las mismas notas, aunque suenan diferente de la escala mayor como lo hace la escala menor natural.

Memoriza el orden de los modos, con sus números y nombres griegos. Tradicionalmente, los números romanos se usan al escribir la teoría de modos. De esta manera, ponte las sandalias y la toga, y memoriza esta lista:

I   Jónico (es decir, mayor)
II   Dórico
III Frigio
IV   Lidio
V   Mixolidio
VI   Eólico (es decir, menor natural)
VII Locrio

Práctica

Cuando hayas memorizado los nombres y los números, cubre la lista con la mano y responde estas preguntas:

1. ¿Cuál es el modo quinto?

2. ¿Cuál es el número del modo eólico?

3. ¿Cuál es el modo tercero?

4. ¿Cuál es el modo segundo?

5. ¿Cuál es el número del modo jónico?

6. ¿Cuál es el modo séptimo?

7. ¿Cuál es el número del modo mixolidio?

8. ¿Cuál es el modo primero?

9. ¿Cuál es el número del modo locrio?

10. ¿Cuál es el modo sexto?

11. ¿Cuál es el número del modo dórico?

12. ¿Cuál es el modo cuarto?

13. ¿Cuál es el número del modo frigio?

14. ¿Cuál fue el modo quinto nuevamente?

15. ¿Cuál es el número del modo lidio?

Detecta el modo jónico

Los modos más importantes son los modos jónicos y eólicos, que ya conoces. El primer modo de la escala mayor, el jónico, es la escala mayor. El sexto modo de la escala mayor, el eólico, es la escala menor natural.

En tu próxima asignación, vas a tocar un modo encontrando su mayor relativo. Para hacer esto, deberás **encontrar el modo jónico.** Usa los siguientes pasos, y no te apures. Todas las personas se confunden aquí porque van demasiado rápido y se saltean los pasos. Primero ve más lento y sigue los pasos.

Digamos que querías tocar en el modo F mixolidio. Para obtener un modo específico:
1. **Determina el número del modo.** Mixolidio es el quinto modo, de manera que F ahora es "5".
2. **Cuenta hasta llegar al modo jónico.** Con la fórmula de escala mayor, podemos contar hasta encontrar el modo jónico, es decir, la mayor relativa. Por ejemplo, si F es el grado quinto, entonces contamos 5 4 ^3 2 1. La fundamental debe ser B♭.

	5	F
tono completo		↓
	4	E♭
semitono		↓
	3	D
tono completo		↓
	2	C
tono completo		↓
	1	**B♭**

3. **Toca la escala mayor, pero comienza y detente en la nota fundamental específica.** Toca el modo jónico B desde F a F. ¡Voilà! Estás tocando el modo mixolidio F.

Ejercicio N.° 52

Completa los espacios en blanco usando el método de tres tonos resumido anteriormente para "detectar el modo jónico".

1. B mixolidio   = ____ jónico de B a B.
2. C lidio   = ____ jónico de C a C.
3. E dórico   = ____ jónico de E a E.
4. A jónico   = ____ jónico de A a A.
5. D eólico   = ____ jónico de D a D.

6. G locrio   = ____ jónico de G a G.
7. A frigio   = ____ jónico de A a A.
8. F dórico   = ____ jónico de F a F.
9. E lidio   = ____ jónico de E a E.
10. A mixolidio   = ____ jónico de A a A.

Ejercicio N.° 53

Diagrame los siguientes modos en base a la fundamental proporcionada. Todas las fundamentales están marcadas con un círculo. Dibuja un cuadrado alrededor de la fundamental de la escala mayor a la que el modo iguala. Etiqueta el diagrama con el número del patrón del modo y el número del patrón del modo jónico relativo.

1) __G__ Mixolidio Patrón __4__   (__C__ Jónico Patrón __2__)

2) __ Lidio Patrón __   (__ Jónico Patrón __)

3) __ Dórico Patrón __   (__ Jónico Patrón __)

4) __ Frigio Patrón __   (__ Jónico Patrón __)

5) __ Eólico Patrón __   (__ Jónico Patrón __)

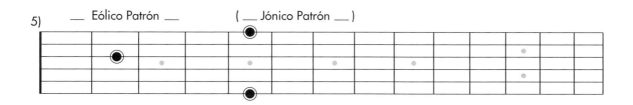

6) __ Lidio Patrón __   (__ Jónico Patrón __)

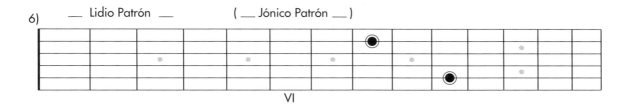

VI

61

7) __ Locrio Patrón __ (__ Jónico Patrón __)

8) __ Mixolidio Patrón __ (__ Jónico Patrón __)

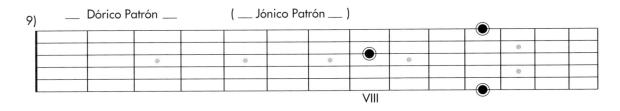

X

9) __ Dórico Patrón __ (__ Jónico Patrón __)

VIII

10) __ Eólico Patrón __ (__ Jónico Patrón __)

Ejercicio N.° 54

Determina el deletreo de cada escala para cada uno de los modos. Se muestran el modo jónico (mayor) y eólico (menor natural). Usa los patrones del diapasón en el ejercicio anterior, o confía en tu conocimiento de los tonos enteros y medios naturales en C (jónico).

Jónico: 1 2 3 ^ 4 5 6 7 ^ 8   Mixolidio:

Dórico: Eólico: 1 2 ^ ♭3 4 5 ^ ♭6 ♭7 8

Frigio: Locrio:

Lidio:

Práctica

Registra cada una de estas progresiones de acordes del modo típico para tres minutos completos. No uses ningún estilo de ritmo. Usa un sonido limpio y permite que los acordes suenen para los cuatro tiempos del metrónomo en cada cuerda, repitiéndolos por tres minutos. Luego registra la próxima progresión. Luego rebobina, encuentra los modos indicados y vuelve a tocar la grabación.

|C|G |F |G | — C jónico |Cma7 |D | — C lidio

|Cmi7 |F9 |Cmi7|Dmi7| — C dórico |C7 |B♭ma7 | — C mixolidio

|Cmi |D♭ | — C frigio |Cmi |B♭ |A♭ |B♭ | — C eólico

Revisa el escenario para ver qué te dejó el público...

62

OTRAS ESCALAS COMUNES

Objetivo: Analizar la construcción interválica de varias escalas. Construir patrones.

Las escalas se pueden definir por los intervalos que contienen. Esencialmente, esto significa que cada escala nueva que aprendes debe compararse con la escala mayor: 1 2 3^4 5 6 7^8. Una vez más, el símbolo del acento circunflejo (^) equivale a un semitono. Algunas escalas contienen un intervalo de tonos 1¹/₂ entre notas. Para mostrar esto, se usa una línea larga (—).

Este capítulo está aquí a modo de referencia, y para practicar el proceso de detectar los patrones de digitación. No espero que aprendas los cinco patrones de las seis escalas diferentes y que puedas hacerlo en una semana. El aprendizaje de las escalas, y la forma en que se usan, se deben prolongar por meses, incluso años.

Para cualquier escala, son posibles cinco patrones de digitación, en base a las cinco formas de las fundamentales. Esfuérzate por crear patrones que minimicen el cambio.

Blues	1—♭3 4⌐♭5⌐5—♭7 8
Country Blues (El "Blues Relative")	1 2^♭3⌐3—5 6—8
Menor armónica	1 2^♭3 4 5⌐♭6—7 ⌐ 8
Menor melódica	1 2^♭3 4 5 6 7⌐8
Disminuido (Entera media)	1 2^♭3 4⌐♭5 ♭6⌐♭♭7 7⌐8
Disminuida dominante (Media entera)	1^♭2 ♭3⌐3 ♭5⌐5 6⌐♭7 8

Ejercicio N.° 55

Diagrama los cinco patrones de la escala de blues en D.

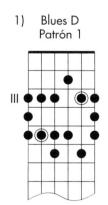

1) Blues D
Patrón 1

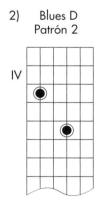

2) Blues D
Patrón 2

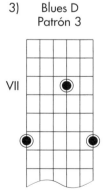

3) Blues D
Patrón 3

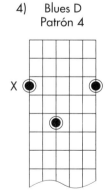

4) Blues D
Patrón 4

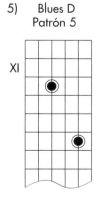

5) Blues D
Patrón 5

Toca cada patrón de la escala de blues anterior. Di el número del patrón en voz alta antes de tocarlo, también intenta decir cada grado de escala a medida que los vaya tocando.

Ejercicio N.° 56

Diagrama los cinco patrones de la escala menor armónica en la clave de E.

1) E menor armónica
Patrón 1

2) E menor armónica
Patrón 2

3) E menor armónica
Patrón 3

4) E menor armónica
Patrón 4

5) E menor armónica
Patrón 5

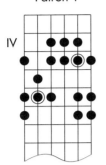 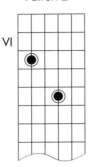 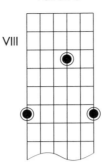 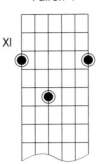 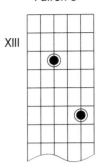

Toca cada patrón de la escala menor armónica anterior. Di en voz alta el número del patrón e identifica cada grado de la escala a medida que los vayas tocando.

Ejercicio N.° 57

Diagrama los cinco patrones de la escala menor melódica en la clave de A♭.

1) A♭ melódica menor
Patrón 1

2) A♭ melódica menor
Patrón 2

3) A♭ melódica menor
Patrón 3

4) A♭ melódica menor
Patrón 4

5) A♭ melódica menor
Patrón 5

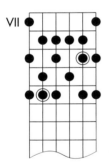 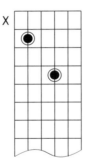 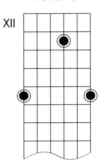 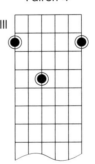 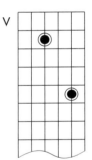

Toca cada patrón de la escala menor melódica anterior. Di en voz alta el número del patrón e identifica cada grado de la escala a medida que los vayas tocando.

OTROS ACORDES COMUNES

Objetivo: Practicar la construcción interválica de varios acordes.

Además de los acordes de séptima y sus versiones extendidas y alteradas, hay otros acordes comunes que deberías saber. Usualmente puedes deducir el deletreo correcto a partir del nombre.

- En los **acordes suspendidos**, la tercera se reemplaza por el cuarto grado de la escala, creando un acorde sus4. Recientemente, el acorde sus2 también se ha usado. Aunque técnicamente no son verdaderas tríadas, incluye los acordes de tres notas sus4 y sus2 en tu estudio de tríadas. Son comunes y útiles.

  sus4 — 1–4–5
  sus2 — 1–2–5

- **Los acordes de la sexta** son tríadas con una sexta mayor agregada. El tipo de tríada, mayor o menor, sigue siendo el mismo, y la sexta agregada *siempre es mayor*. (Eso significa que hay un intervalo de sexta mayor en un acorde de sexta menor).

  6 — 1–3–5–6
  mi6 — 1–♭3–5–6

- **Los acordes de la sexta/novena** son como los acordes de la sexta pero con una novena mayor que también se le ha agregado. El tipo de tríada sigue siendo el mismo. Estos acordes usualmente se consideran mayores o menores, pero no dominantes. No contienen una séptima.

  6/9 — 1–3–5–6–9
  mi6/9 — 1–♭3–5–6–9

- **Los acordes Add9** son las tríadas solo con las novenas mayores agregadas, no las séptimas. No confundas un acorde add9 con un acorde de novena dominante (C9: 1–3–5–♭7–9) o un acorde de la novena mayor (Cma9: 1–3–5–7– 9).

  add9 — 1–3–5–9
  mi(add9) — 1–♭3–5–9

Ejercicio N.° 58

En estos diagramas, te daré el nombre y una sonorización específica. Todo lo que tienes que hacer es dibujar el acorde. Luego, experimenta para encontrar la digitación práctica. Habrá por lo menos una digitación tocable para cada uno de ellos. Es correcto usar el pulgar, también.

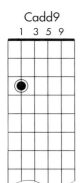
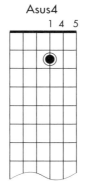
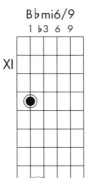
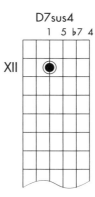
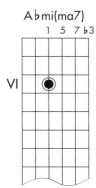

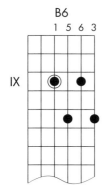
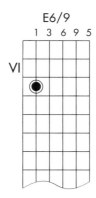
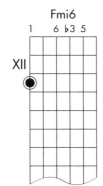
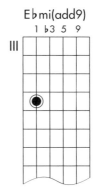
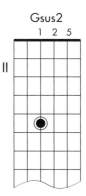

Acordes invertidos

En un acorde invertido, una tríada o un acorde de séptima se superpone sobre una nota del bajo que no es la nota fundamental del acorde. La manera de leerlos en voz alta es "esto sobre eso", es decir, "C sobre D". Cuando la nota del bajo no es un sonido de acorde, el acorde invertido es una manera de especificar una inversión. En caso contrario, un acorde invertido es una manera de especificar una sonorización para un acorde extendido o alterado.

Ejercicio N.° 59

Dibuja los siguientes acordes invertidos.

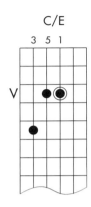

C/E

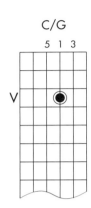

C/G

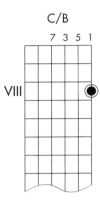

C/B

C/B♭

Cmi/E♭

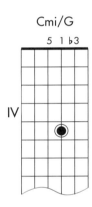

Cmi/G

Cmi/B♭

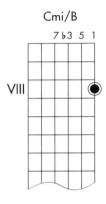

Cmi/B

C/F = Fma9

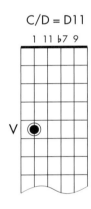

C/D = D11

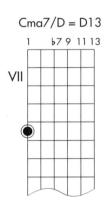

Cma7/D = D13

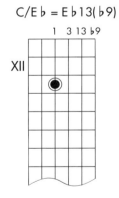

C/E♭ = E♭13(♭9)

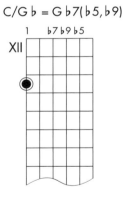

C/G♭ = G♭7(♭5,♭9)

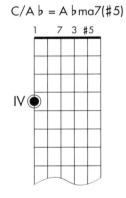

C/A♭ = A♭ma7(♯5)

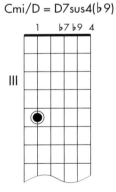

Cmi/D = D7sus4(♭9)

Toca todos los acordes completos de este capítulo, diciendo en voz alta el nombre del acorde y deletreando cada sonorización.

CONCLUSIÓN

Objetivo: Crear un cuaderno de notas de los diagramas del diapasón.

Si has completado todos los ejercicios del libro, mereces sentirte bien contigo mismo. Ahora debes tener una idea de cómo encontrar las cosas por ti mismo. Es posible que no seas rápido todavía, pero eso es completamente normal. Las cosas se te facilitarán ahora que conoces el sistema inherente de la guitarra y has aprendido un (poco) de teoría.

Aplica lo que has aprendido en este libro para todo lo que tocas, pasado, presente y futuro. Por ejemplo, intenta tocar una canción que conoces en una nueva posición. Por ahora, probablemente te has dado cuenta que ya has aprendido cada nota; no debes mover más que un traste en ambas direcciones.

Proyecto final

Compra o fabrica un cuaderno de notas de diagramas en blanco. En este, diagrama sistemáticamente cada uno de estos patrones básicos y consérvalos para la práctica:

- 5 formas de notas fundamentales
- 5 escalas mayores
- 5 escalas menores
- 5 escalas mayores pentatónicas
- 5 escalas menores pentatónicas
- 30 arpegios de tríada (5 mayores, 5 menores, 5 aumentados, 5 disminuidos, 5 Sus4, 5 Sus2)
- 20 arpegios de séptima (5 mayores, 5 menores, 5 dominantes, 5 Mi7(♭5))
- 72 tríadas (12 mayores, 12 menores, 12 aumentados, 12 disminuidos, 12 Sus4, 12 Sus2)
- 20 arpegios stock de séptima (5 mayores, 5 menores, 5 dominantes, 5 Mi7(♭5))

En los quince diagramas por página, tendrás aproximadamente doce páginas. Pasa quince minutos al día durante los próximos tres meses tocando las formas de tu libro. Cuando perfecciones las formas básicas, agrega material nuevo al cuaderno: escalas, modos, sonorizaciones de acordes, arpegios, etc. Disfruta del proceso.

Hablando de disfrutar del proceso, ha sido un placer trabajar en este libro y sinceramente espero que te ayude a lograr tus objetivos musicales. Buena suerte.

Soluciones de los ejercicios

Ej. 1

Ej. 2

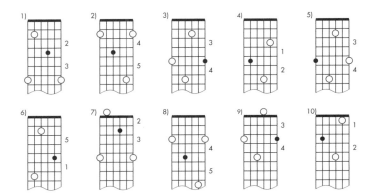

Ej. 3

1. G
2. 2
3. A
4. 3
5. E
6. 5
7. B
8. 6+1
9. E
10. 4

Ej. 4

Ej. 5

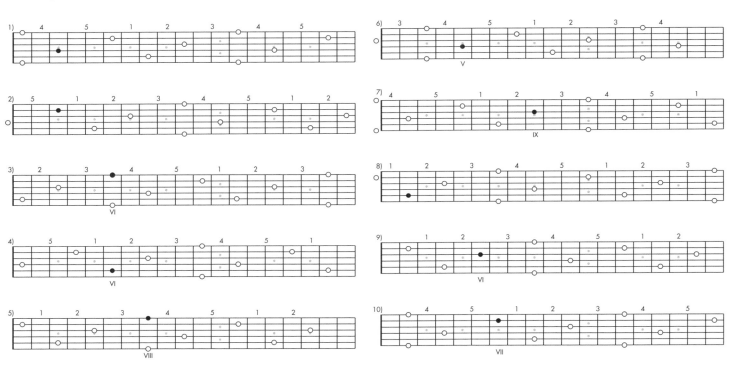

Ej. 6

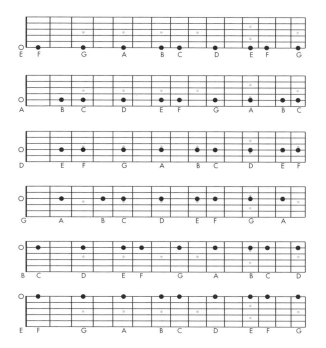

Ej. 7

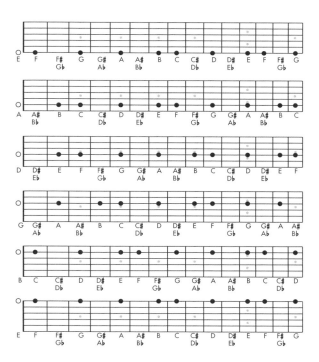

Ej. 8

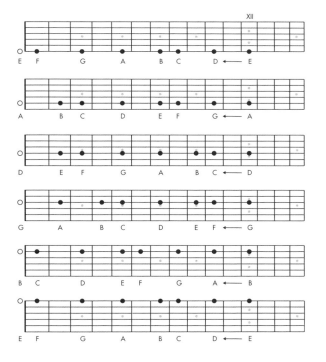

Ej. 9

1. A
2. C
3. D#/E♭
4. G#/A♭
5. B
6. C#/D♭
7. F#/G♭
8. F#/G♭
9. C
10. E
11. F#/G♭
12. A#/B♭
13. A#/B♭
14. F
15. F

Ej. 10

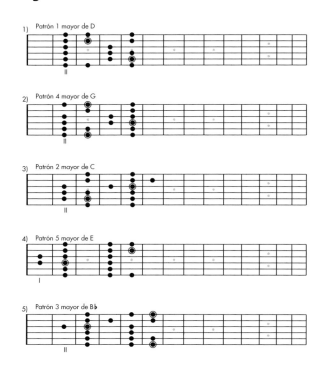

Ej. 11

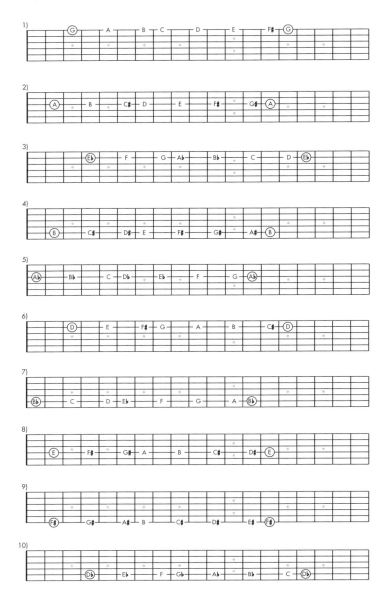

Ej. 12

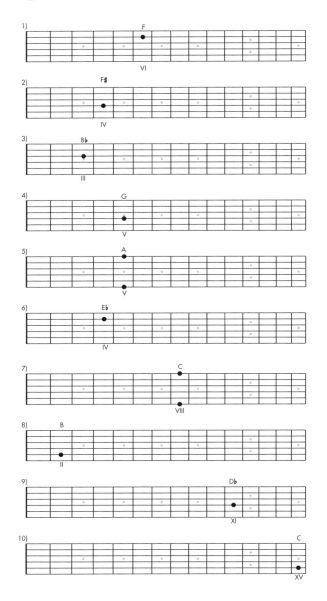

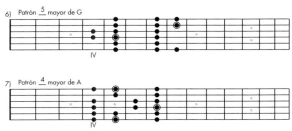

Ej. 13

1) Patrón 5 menor de E

2) Patrón 2 menor de C

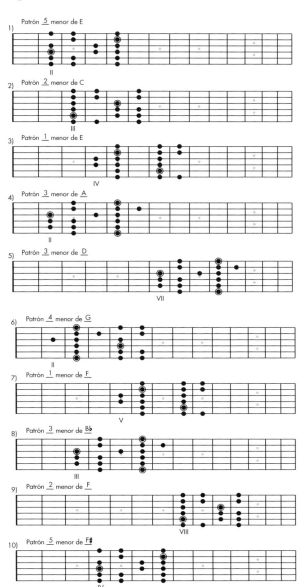

3) Patrón 1 menor de E

4) Patrón 3 menor de A

5) Patrón 3 menor de D

6) Patrón 4 menor de G

7) Patrón 1 menor de F

8) Patrón 3 menor de Bb

9) Patrón 2 menor de F

10) Patrón 5 menor de F#

Ej. 14

1) Patrón 5 menor de E (Patrón 4 mayor de G)

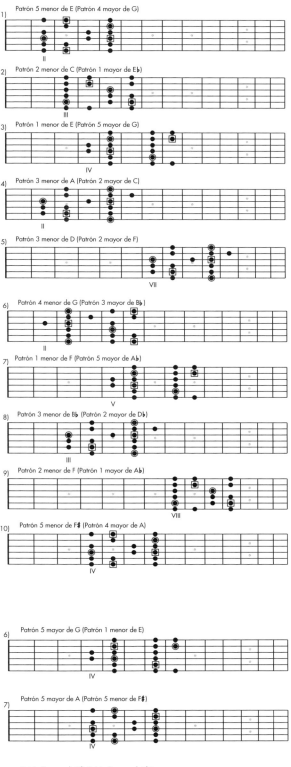

2) Patrón 2 menor de C (Patrón 1 mayor de Eb)

3) Patrón 1 menor de E (Patrón 5 mayor de G)

4) Patrón 3 menor de A (Patrón 2 mayor de C)

5) Patrón 3 menor de D (Patrón 2 mayor de F)

6) Patrón 4 menor de G (Patrón 3 mayor de Bb)

7) Patrón 1 menor de F (Patrón 5 mayor de Ab)

8) Patrón 3 menor de Bb (Patrón 2 mayor de Db)

9) Patrón 2 menor de F (Patrón 1 mayor de Ab)

10) Patrón 5 menor de F# (Patrón 4 mayor de A)

Ej. 15

1) Patrón 1 mayor de D (Patrón 2 menor de B)

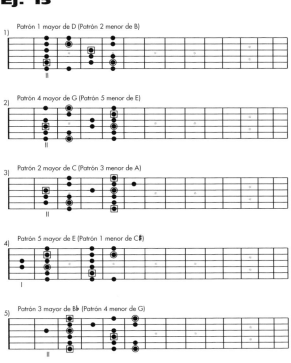

2) Patrón 4 mayor de G (Patrón 5 menor de E)

3) Patrón 2 mayor de C (Patrón 3 menor de A)

4) Patrón 5 mayor de E (Patrón 1 menor de C#)

5) Patrón 3 mayor de Bb (Patrón 4 menor de G)

6) Patrón 5 mayor de G (Patrón 1 menor de E)

7) Patrón 5 mayor de A (Patrón 5 menor de F#)

8) Patrón 5 mayor de Gb (Patrón 1 menor de Eb)

9) Patrón 3 mayor de Ab (Patrón 4 menor de F)

10) Patrón 1 mayor de Eb (Patrón 2 menor de C)

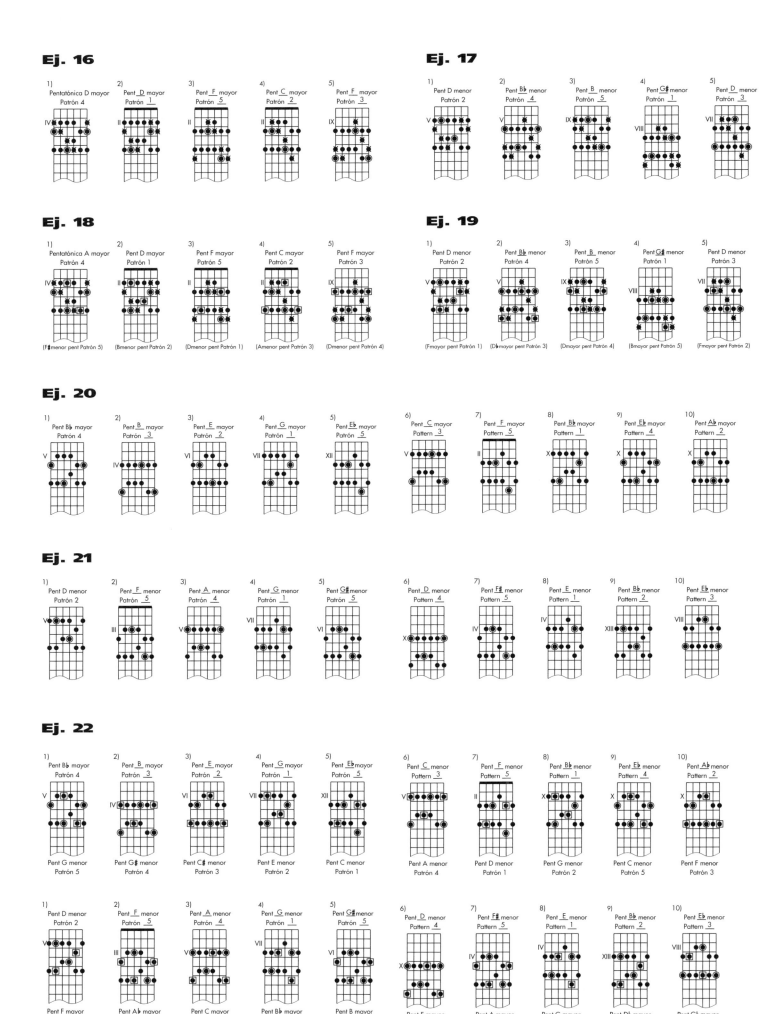

Ej. 23

1. **Unísono** es una distancia de cinco trastes por debajo del diapasón en las cuerdas adyacentes. El unísono de la tercera a la segunda cuerda está a una distancia descendente de cuatro trastes del diapasón.

2. La **segunda mayor** es una distancia de dos trastes en una cuerda. La segunda mayor es tres trastes por debajo de una cuerda a la próxima. Una segunda mayor de la tercera a la segunda cuerda es por debajo de dos trastes.

3. Una **tercera mayor** se extiende cuatro trastes en una cuerda. Una tercera mayor es un traste por debajo de una cuerda a la próxima. Una tercera mayor de la tercera y la segunda cuerda es en el mismo traste.

4. Una **cuarta justa** se encuentra en el mismo traste en la próxima cuerda más alta. Al comenzar en la tercera cuerda y ascender por una cuarta, la próxima nota es un traste arriba del cuello en la segunda cuerda. Cuando se toca en una cuerda, una cuarta cubre una distancia de cinco trastes.

5. **Las quintas justas** están a una distancia de dos trastes por encima o adyacentes a las cuerdas, excepto en la tercera y segunda cuerda. Allí está la distancia de tres trastes. Las quintas poseen una forma de tres trastes por debajo del diapasón al saltearse una cuerda. Puedo crear un intervalo de una quinta con un alcance de dos trastes que se saltea de la cuarta a la segunda cuerda. También puedo obtener una forma de intervalo de la quinta de dos trastes que se saltea de la tercera cuerda a la primera. Nuevamente, cruzo a la segunda cuerda, de manera que es otro alcance de dos trastes.

6. **Las sextas mayores** son los cuatro trastes de ancho en las cuerdas adyacentes o un traste de ancho al saltearse una cuerda. Nuevamente compensando la diferencia del ajuste de la segunda cuerda, la próxima sexta implica un alcance de cinco trastes de la tercera a la segunda cuerda. Al saltear de la cuarta o la tercera cuerda, una sexta mayor se encuentra en el mismo traste.

7. **Las séptimas mayores** están un traste arriba al saltearse una cuerda. Al compensar la diferencia de ajuste de la segunda cuerda, la séptima mayor implica un alcance hacia arriba de dos trastes al saltear desde la cuarta o la tercera cuerda. Hay formas de quinta y cuarta cuerda para las séptimas mayores que pueden saltearse dos cuerdas. Se extienden a tres trastes de nota abajo, dos cuerdas arriba.

8. **Las octavas** son iguales a las cinco formas de nota fundamental.

Ej. 27

1. ♭5
2. ♯4
3. 4
4. ♭3
5. ♭3
6. ♭3
7. ♭♭7
8. ♭7
9. ♭7
10. ♯5
11. ♭6
12. 3
13. ♭5
14. ♯2
15. ♭6

Ej. 24

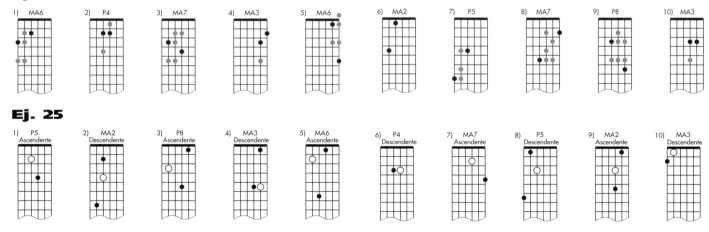

Ej. 25

Ej. 26

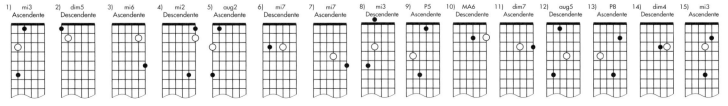

Ej. 28

| 11 | 9 | 13 | ♭13 | ♯11 | ♯9 | ♭9 | 13 | ♭13 | ♯11 |

Ej. 29

1. ♯9   2. ♯11   3. 11   4. ♭13   5. ♭9
6. 12   7. ♭9   8. 9   9. 13   10. 13
11. 13   12. ♯11   13. ♭9   14. 9   15. ♯11

Ej. 30

1) Arpegio de tríada mayor de D
Patrón 1
II

2) Arpegio de tríada mayor de D
Patrón 2
IV

3) Arpegio de tríada mayor de D
Patrón 3
VII

4) Arpegio de tríada mayor de D
Patrón 4
IX

5) Arpegio de tríada mayor de D
Patrón 5
XI

Ej. 31

1) Arpegio de tríada menor de D
Patrón 1
II

2) Arpegio de tríada menor de D
Patrón 2
V

3) Arpegio de tríada menor de D
Patrón 3
VII

4) Arpegio de tríada menor de D
Patrón 4
X

5) Arpegio de tríada menor de D
Patrón 5
XII

Ej. 32

1) Arpegio de tríada disminuida de D
Patrón 1
III

2) Arpegio de tríada disminuida de D
Patrón 2
IV

3) Arpegio de tríada disminuida de D
Patrón 3
VII

4) Arpegio de tríada disminuida de D
Patrón 4
X

5) Arpegio de tríada disminuida de D
Patrón 5
XI

Ej. 33

1) Arpegio de tríada aumentada de D
Patrón 1
II

2) Arpegio de tríada aumentada de D
Patrón 2
IV

3) Arpegio de tríada aumentada de D
Patrón 3
VII

4) Arpegio de tríada aumentada de D
Patrón 4
IX

5) Arpegio de tríada aumentada de D
Patrón 5
XI

Ej. 34

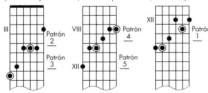
1) Tríada mayor de C   2) Tríada mayor de C   3) Tríada mayor de C

III   Patrón 2   Patrón 3   VIII   Patrón 4   XII   Patrón 5   XII   Patrón 1

Ej. 35

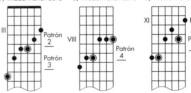
1) Tríada menor de C   2) Tríada menor de C   3) Tríada menor de C

III   Patrón 2   Patrón 3   VIII   Patrón 4   XI   Patrón 5   Patrón 1

Ej. 36

1) Tríada disminuida de C   2) Tríada disminuida de C   3) Tríada disminuida de C

II   Patrón 2   Patrón 3   VII   Patrón 4   XI   Patrón 5   Patrón 1

Ej. 37

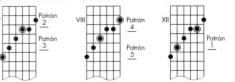

1) Tríada aumentada de C   2) Tríada aumentada de C   3) Tríada aumentada de C

IV   Patrón 2   Patrón 3   VIII   Patrón 4   Patrón 5   XII   Patrón 1

Ej. 38   **Ej. 39**   **Ej. 40**   **Ej. 41**   **Ej. 42**

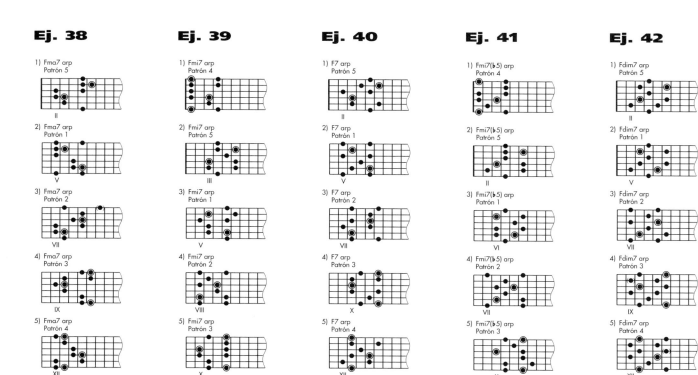

Ej. 43

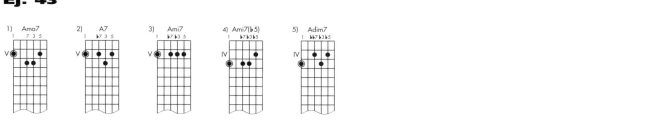

Ej. 44

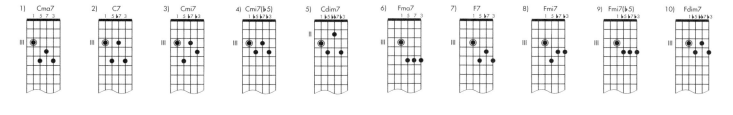

Ej. 45   **Ej. 46**

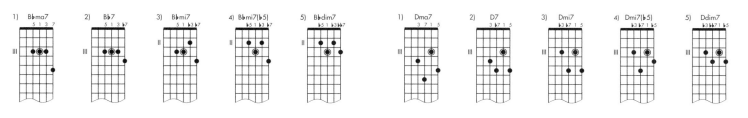

Ej. 47

1) Dma7

2) D7

3) Dmi7
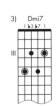

Ej. 48

1) Gma9
Patrón 4
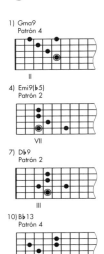
II

2) Dmi9
Patrón 1

3) A9
Patrón 4
V

4) Emi9(♭5)
Patrón 2
VII

5) Bma9(♯11)
Patrón 2
I

6) F♯mi11
Patrón 5
IV

7) D♭9
Patrón 2
III

8) A♭9(♯11)
Patrón 3
I

9) E♭mi13
Patrón 2
VI

10) B♭13
Patrón 4
V

11) Fmi11(♭5)
Patrón 3
XI

12) Cma13(♯11)
Patrón 2
II

13) G9
Patrón 1
VII

14) D11
Patrón 5
XI

15) Ami13
Patrón 3
II

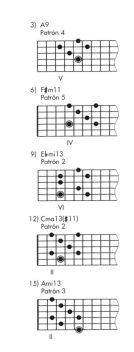
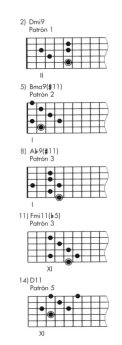

Ej. 49

1) C9
1 3 7 9
II

2) G♭ma13
1 7 3 13
II

3) B♭13
♭7 3 13
VI
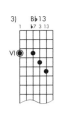

4) Dma9
1 3 7 9
IV
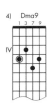

5) F♯7(♯11)
♭7 3 ♯11
I

6) D♭13
♭7 9 13
III

7) A13(♯11)
♭7 9 ♯11 13
II
( )

8) E13
♭7 3 13 9
V
( )

9) G13
♭7 3 13 1
III

10) F9(♯11)
1 3 ♭7 9 ♯11
VII
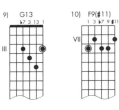

Ej. 50

1) Acorde Cma9
Patrón __2__
1 5 7 9
III
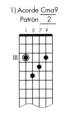

2) Acorde B♭9
Patrón __4 o 5__
VII
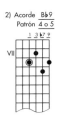

3) Acorde Gmi11
Patrón __1__
VIII
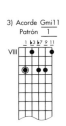

4) Acorde B7(♯11)
Patrón __4__
♭7 3 ♯11
VI
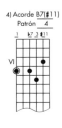

5) Acorde C♯mi11(♭5)
Patrón __2__
1 11 ♭7 3 ♭5
III
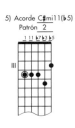

6) Acorde Gmi9
Patrón __4__
1 ♭3 ♭7 9
III

7) Acorde D9
Patrón __3 o 4__
1 3 ♭7 9 5
IX
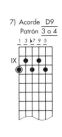

8) Acorde Cma9
Patrón __3__
1 7 9 3
V
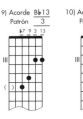

9) Acorde B♭13
Patrón __3__
♭7 9 3 13
III
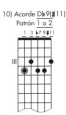

10) Acorde D♭9(♯11)
Patrón __1 o 2__
1 3 ♭7 9 ♯11
III
( )

Ej. 51

1) A♭7(♭9)
1 ♭7 3 5 ♭9
IV
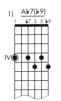

2) D7(♭5)
1 ♭5 ♭7 3
V
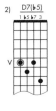

3) E9(♯11)
1 3 ♭7 9 ♯11
VI
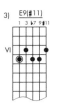

4) G7(♭9)
1 3 ♭7 ♭9
IX
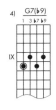

5) C13(♭9)
1 ♭7 3 13 ♭9
VIII

6) B9(♯11)
1 ♭7 9 ♯11
VI

7) E♭7(♯9)
1 3 ♭7 ♯9
V
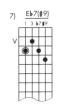

8) G7(♯5)
1 3 ♭7 ♯5
III

9) B♭7(♭5)
1 3 ♭7 ♭5
V
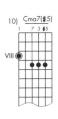

10) Cma7(♯5)
1 7 3 ♯5
VIII

Ej. 52

1. E♭
2. G
3. D
4. A
5. F
6. A♭
7. F
8. E♭
9. B
10. D

Ej. 53

1) <u>G</u> Mixolidio Patrón <u>4</u>   (<u>C</u> Jónico Patrón <u>2</u>)

2) <u>C</u> Lidio Patrón <u>2</u>   (<u>G</u> Jónico Patrón <u>4</u>)

3) <u>F#</u> Dórico Patrón <u>5</u>   (<u>E</u> Jónico Patrón <u>1</u>)

4) <u>E</u> Frigio Patrón <u>2</u>   (<u>C</u> Jónico Patrón <u>4</u>)
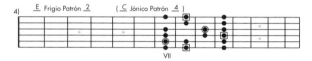
VII

5) <u>A</u> Eólico Patrón <u>3</u>   (<u>C</u> Jónico Patrón <u>2</u>)

6) <u>G</u> Lidio Patrón <u>1</u>   (<u>D</u> Jónico Patrón <u>3</u>)

VI

7) <u>F#</u> Locrio Patrón <u>5</u>   (<u>G</u> Jónico Patrón <u>5</u>)

8) <u>C#</u> Mixolidio Patrón <u>5</u>   (<u>F#</u> Jónico Patrón <u>3</u>)

X

9) <u>E♭</u> Dórico Patrón <u>3</u>   (<u>D♭</u> Jónico Patrón <u>4</u>)

VIII

10) <u>B</u> Eólico Patrón <u>4</u>   (<u>D</u> Jónico Patrón <u>3</u>)

Ej. 54

Jónico:	1 2 3 ^ 4 5 6 7 ^ 8
Dórico:	1 2 ^ ♭3 4 5 6 ^ ♭7 8
Frigio:	1 ^ ♭2 ♭3 4 5 ^ ♭6 ♭7 8
Lidio:	1 2 3 #4 ^ 5 6 7 ^ 8
Mixolidio:	1 2 3 ^ 4 5 6 ^ ♭7 8
Eólico:	1 2 ^ ♭3 4 5 ^ ♭6 ♭7 8
Locrio:	1 ^ ♭2 ♭3 4 ^ ♭5 ♭6 ♭7 8

Ej. 55

1) Blues D Patrón 1 2) Blues D Patrón 2 3) Blues D Patrón 3 4) Blues D Patrón 4 5) Blues D Patrón 5

Ej. 56

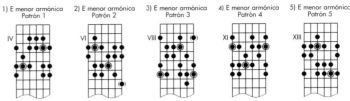

1) E menor armónica Patrón 1 2) E menor armónica Patrón 2 3) E menor armónica Patrón 3 4) E menor armónica Patrón 4 5) E menor armónico Patrón 5

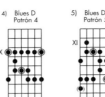   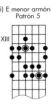

Ej. 57

1) Ab menor armónica Patrón 1 2) Ab menor armónica Patrón 2 3) Ab menor armónica Patrón 3 4) Ab menor armónica Patrón 4 5) Ab menor armónica Patrón 5

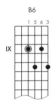   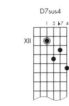 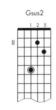

Ej. 58

B6   E6/9   Asus4   D7sus4   Gsus2   Cadd9   Fmi6   Bbmi6/9   Ebmi(add9)   Abmi(ma7)

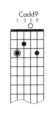 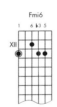 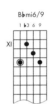 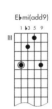 

Ej. 59

C/E   C/G   C/B   C/Bb   Cmi/Eb

 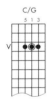 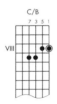  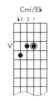

Cmi/G   Cmi/Bb   Cmi/B   C/F = Fma9   C/D = D11

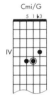    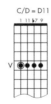

Cma7/D = D13   C/Eb = Eb13(b9)   C/Gb = Gb7(b5,b9)   C/Ab = Abma7(#5)   Cmi/D = D7sus4(b9)

 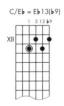 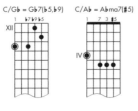 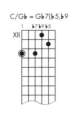 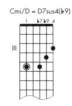

Acerca del autor

Barrett Tagliarino ha sido profesor de música desde 1987 y fue jefe del departamento de rock en la Hohner MusikSchule de Viena, Austria en 1994. Ha viajado en barcos, trenes, colectivos, aviones, camionetas y automóviles, realizando numerosas interpretaciones y sesiones, y ofreciendo seminarios, talleres y clases particulares.

Barrett ha tocado la guitarra para sesiones de CD, programas de televisión, comerciales de radio y bandas de sonido de karaoke. Sus habilidades en el área de la docencia se presentan en el video instructivo Hal Leonard, *Classic Rock Guitar Soloing*. También ha sido mencionado en *Guitar Player* y *Guitar One*.

Para oír las últimas grabaciones de Barrett y otros artistas, visita el sitio web del autor, *monsterguitars.com*.